Manfred Blechschmidt · Polezeier Bummermann

Manfred Blechschmidt

Polezeier Bummermann

VEB Friedrich Hofmeister Leipzig

Illustrationen von Hans Mau, Leipzig

ISBN 3-7331-0019-0

2. Auflage (Reprint der 1. Auflage 1981)

Lizenznummer 484-250/B 501/87
Printed in the German Democratic Republic
Gesamtherstellung:
Offizin Andersen Nexö, Graphischer Großbetrieb, Leipzig
III/18/38
LSV 7001
Bestellnummer 519 457 4
00700

Inhaltsverzeichnis

Disput über Land- un Stroßenferschten

Dos gang in unnern Dorf net annerschter zu, als annerschwu aah. Wur do vun ehnder derzöhlt, haaßet's net ebber, dos war neinznhunnert un esu. Kaa Gedank! Waar werd sich dä mit die Zohlnlettern rümplatzen! Wenn de se schu wüßt, geleich wür'sch haaßen, wos war dä do geleich? Nu bricht ja net geds Gahr dr Vesuv aus, fällt e Komet vun Himmel oder blühe de Stockschwamme dunkelgrü.

Wenn de oder sogst, dos war sattigsmol, wu noch dr Polezeier Sacherlustig laabet ... Ach, doch net daar mit die krumme Baa unter senn Rumpis! Daar aah net, daar mit daarer Gurkennos un dan Bischberstimmel. Dos war doch net dr Sacherlustig! Do vertusst de dich! Dan du maanst, dos war dr Arbsenbauch, oder aah

langes Hemm, wie se zu ne saten. Naa, naa, daar net, mit dan Troppen unter dr Nos. Do habn de Leit überhaupt fallisch gesaah: Dos war doch alles in dr Walt, när kaa Freibarger Grübitterer! Un e Sparrlingsnast hot aah net unter senn Bart gestackt. Dos hätt doch wenigstens dr Bürgermaaster pfiepen härn müssen.
Daar war dos, dan se ne Saabel nei'n Teich gehaant habn, wie daar emol bei'r Schwarterei vür'n Wirtshaus blank zieh wollt. Do habn ne die Gungle ganz aafach is Handgelenk ümgedreht, un Schwupps, do war dos Gewaff zwischen de Teichlinsen neigefahrn un wie waggeblosen. Un nu wollt's kaans gewaasen sei. Wan'r aah frögt, kaaner hatt ewos weiskriegt. Dos war eich fei e schlimme Sach. De Leit wärn an libbsten gar net ze Bett, seit se wußten, doß dr Polezei kenn Saabel hatt. Un wall e Herr Polezei net uhne Gewaff senn Dienst verrichten ka, daaretwaagn hatt'r e klaane Hack in senn Polezeierbauchrieme stacken. Erscht hatt'r dr Bürgermaastern ihr Flaaschmasser geborgt. Oder allemol, wenn die's gebrauchet, mußt'r razamm un is nort erscht wieder gange, wenn dr Broten gut war un aar sei Bröckele oknaipeln kunnt. Dos wur dr Bürgermaastern mit dr Zeit ze teier, un se ziehet dos Flaaschermasser aus'n Polezeidienst wieder o.
Mer ka oder aah de Schwammle kriegn, eh esu e Teich ogelossen wur. Un wie sog nort dos Gemaagewaff dä aus? Verrost, esu sehr, als stammet's aus dr Römerzeit. Oder esu sei de Leit. Settes Zeig behalten se in ihrn Kopp. Doß daar Polezeier emol ne Teifel is baaten gelarnt hatt, dos wußt niemand meh.
Mocht alles sei, wie's wollt! Oder scharf war daar derwaagn. Gang daar durch'n Dorf, hatt dr Mond Gänshaut, e sette Kält gang vun dan aus. Un dos wollt derwaagn ewos haaßen!
Dernooch kam dr „Dreierlaa Troppen". Nu daar erscht! E setter Schofkopp war seithaar dr Walt aah noch kaamol wieder unter de Finger kumme. Dos war eich e ganz olberer Hos. Daar is mit dr Polezeiermütz nei's Bett gestiegn. Un wenn daar dr Pastern ihrn grußen Koter net waggefange un dodraus zwee Tog Laabnschie gemacht hätt, wär daar emende heit, statt dan Cuno, dr Allerüberschte. Esu versaut e Gutschmeckgusch enn mannichn sei ganze Karriere. Dr „Dreierlaa Troppen" hatt e rachte Hundsmatter. Daar mußt egal mit'n Handwaagel is Gald fer dr Kommu of Schwarzenbarg huln. Dos war ganz neiwaschen, schie zammgebündelt, doß mer dacht, doß wärn lauter Ziegelstaa. Naa, su e huche

Tax hatten die Paketer net. Un gedsmol wur dos Führle üm e Mugaadel größer. Überfalln hot dan kaans. Dos luhnet sich net. Es war aah domols noch net esu Mode. Eh dos Gald richtig warm war, zöhlet's lang nischt meh. Oder dr Polezeier hot sich vun dan vieln Zieh enn Schoden geta un kam vür dr Zeit in Rente. Seit dan is'r dr gesündeste Hund of dr ganzen weiten Walt.

Un do sei mer genau dohierde, wu mer hiwolln, ze unnern Land-, Staats-, Stroßen- un Polezeiferscht Bummermann. Nu könnt aaner geleich denken, daar is ebber aah e setter Krampis wie die annern allezamm. Wenn dos esu wär, waar wüßt dann meh über dan, als'r über die annern waß!

Dr Bummermann war ze unnerer Zeit dra, su achtezwanzig, dressig, zweeadressig. Emende aah e wing ehnder. Un dos war fei esu e grußartige Zeit, doß se kaa Mensch überspringe ka. Un wie emol dan Bummermann sei Bürgermaaster sich ne Kopp zermartert, wos'r machen söll in daare wankelmütign Zeit, de schwarz-weiß-rute Fahn naushänge oder de schwarz-rut-goldene, do sogt sei Polezeiferscht: „Wos werscht de dich aah noch nei dr Poletik mischen? Mir sei neitral! Häng när de grü-weiße naus, die hot noch kenn ümgeschmissen!" Fer su enn Eifohl müßt's enn Orden gaabn! Dr Bürgermaaster war sächsisch, un dodermiet aus dan ganzen Hewedel raus.

Wie daar neie Polezeier mich gewahr werd, ich hatt doch ebber ben Paster senn Pflaume emol nagelangt, packt'r mich ben Schlawittchen. Un wie er esu mei Halsstang ümspannt hot, mußt'r lachen. Un er sat: „Na, Gunger, enn Stadtkoch sei Schwoger bist du aah gerod net ..." Er hot mer enn klenn Klapps of dr Mütz gaabn un hot mich laafen lossen. Oder gene Woch drauf krieget ich in dr Schul is erschte Mol Quäkerspeise.

Un esu war ich unnern Polezeier Bummermann gut wurn, wenn'r gut war, un bies worn, wenn'r bies war. „Wie is dä daar überhaupt?" mußt ich denken, wenn'r mit dr Polezeiermütz un senn Seitengewaff durch'n Dorf getraanelt is. Un geds wußt, doß unter dan Gewaff e laahrsch Sackel stok, doß'r haamzu voller Hosenfutter ruppet. Oder daar war aabn de Polezei in unnern Dorf! Un esu sei, dos is fei schwaarer als schwaar!

Die grußmachtig garschtige Schlietengad

Wieder nohm de Ruschelei of'n Dorfbarg überhand. Wos verbuten is, dos derf net sei! De Leit wollten net härn. Mußt aabn dr Polezeier Bummermann haar. Un daar mußt durchgreifen! Stand aabn dr Bummermann emol hinter daar, emol hinter gener Hauseck un schreibet auf, waar mit'n Schlieten verbeisauset. Wall oder de Dorfstroß vun daarer Ruschelei esu gelatt war, als hätt se aans mit Schmiersaaf eigeriebn, war'sch e Husch, un de Ruschler warn verbei. Dr Bummermann hatt bei daarer Warterei längst kalte Füß, un sei Nos loff, als krieget se's bezohlt. Schnaubet'r sich emol aus, husch, war wieder aans verbei un ne Bummermann durch de Lappen gange. Hot aabn dr Bummermann na'n Kupierstift gelackt un nei sei Büchel geschriebn: „ubekannt".
Dos wollt oder ne Bürgermaaster überhaupt net nei'n Kopp, doß

mer als Polezeier sette schlachte Aagn hobn sollt, üm net ze derkenne, waar an enn verbeiruschelt.
Oder aah die, die dr Bummermann mit'n Name in senn Büchel neigeschriebn hatt, habn alles in dr Walt gemacht, när net geruschelt, warn an dan Tog gerod zer Grobschicht, habn ihrer Schwaster de Stub ausgewissen, habn de Schupp zammgeraimt, Gauch getrogn, Aardäppeln ausgelaasen, sist wos verricht – naa, in aller Walt, geruschelt sei se net. Nu stand dr Bürgermaaster do! Waar geruschelt hot, daar werd bestroft. Waar oder net geruschelt hot, dan ka mer aah net bestrofen. Mit de Leit verstreiten? Üm Gotteswilln, när dos net! Die sei dernooch, un zohln's enn retour! Emende hatt sich dr Bummermann doch e wing verta.
Wie oder vierzn Tog rüm warn, hatt dr Bummermann zwar hunnertaanezwanzig Naame in senn Büchel stieh. Er hatt sich oder hunnertaanezwanzigmol verta. Vun dan Leiten war kaa aanzigs ne Dorfbarg neigeruschelt.
Dos gang ne Bürgermaaster über dr Hutschnur! Wie dr Bummermann nei's Amtel kam, üm de Nummer hunnertzweeazwanzig bis hunnertachtevierzig vürzelegn, loff ne Bürgermaaster de Laus übern Grind. Dos mußt e Fatzen vun'r Laus gewaasen sei, denn er haaßet ne Polezeier kurz un lang, Runk un Strunk un ze guter Letzt aah noch enn grußmachtign Schofkopp. Su hätt'r emende als feiner Ma net ausarten sölln. Dos hot dan Polezeier überhaupt net gefalln. Schließlich war e Polezeier kaa Krautstrunk! Er nohm sei Büchel, klatschet de Tür na un hot vun Stund a mit'n Bürgermaaster dummgeta, esu uverschaamt war daar nei dr Woll geroten.
Nooch e paar Togn derwischet'n dr Bürgermaaster ben Kuhlnraufhuln. „Bummermann, kumm rei!" bleket'r dr Kallertrepp nei. Nu stand daar Kalmis vun Polezeier bei dr Tür un hot e Flemm gezugn. „Daamisch", sat dr Bürgermaaster, „aus is mit daarner Trotzerei!" Dr Bummermann dacht in senn Kopp: Itze haaßt's när eilenken, sist werd daar wieder laut wie e Huhlkroh!
„Setz dich do haar, Bummermann! Mit daarer Aufschreiberei is dos freilich neimodischer. Oder, ich hob die Sach beschlofen, mir bleibn bei unnerer alten Tour. Geden, daar verbutenerweis daarner Dorfstroß noruschelt, dan nimmst de ne Schlieten wag un schaffst ne nei's Spritzenhaus. Zewos habn mer'sch! Loß dich net belatschen, namm wag un schaff fort! In Frühgahr rücken mer nort die Dinger wieder raus!"

Dr Bummermann sat: „Oder nort gieht die Ruschelei vun vorne lus!"
„Naa, die gieht net wieder lus!"
„Nu möcht ich dumm frögn: Worüm dä net?"
„Wall dr Schnee wag is!"
„Grußer Schrack, waar hätt eich dos gedacht! Bürgermaaster, itze waß ich's! Du bist e Hund of dr Poletik!"

Oder dr Polezeier hatt sei liebe Nut! Kam aans mit'n Schlieten daarer Dorfstroß reigeschossen, mußt'r hinter dr Hauseck vürspringe, dos Quaarstangel derwischen un ne nooch rachts oder links reißen. Mehstens hot'r dernaabn gegriffen un hatt när is Noochsaah un e lange Nos gratis. Do warn oder aah ganz gerissene Ludern derbei, die habn dos Quaarstangel mit Wurschtfett, Saunabel oder Schmiersaaf rutschrig gemacht, doß's enn wie esu e Bachforall aus dr Hand schnappet, oder se habn's mit Wognschmier agestrichen, doß mer dernooch wie e Schusterbock gestunken hot.

Dan un genn hot nu dr Polezeier derwaagn derwischt, hot ne mit'n Schlieten rümgerissen un mannichsmol aah ümgeschmissen. Allemol, wenn'r su enn Schlieten nei dos Spritzenhaus sparret, sat'r laut vür sich haar: „Su, du Luder, fer dir is daar Winter alle!"

Wenn mer geden Tog esu seine zwee, aah emol drei Schlieten eisparrt, kimmt mit dr Zeit e ganz schiener Haufen nazamm. Su e Spritzenhaus is fer dr Feierspritz gebaut un net als e Schlietenarsenal. Geden Tog mußt dr Polezeier die Schlieten rüm- un nümraime, när doß er'sche allezamm unter Dach un Fach bracht. Aah dos wollt gelarnt sei!

Dr Polezeier sat emol zen Bürgermaaster: „De Schlieten wärn do. Wenn mer'sche erscht wieder lus hätten. Kimmt emol de Feierinspektiu, steigt se uns gewaltiglich ofs Dach. Brennt's bei uns, aah dodermiet muß mer emol rachne, findt mer ver lauter Schlieten alles in dr Walt, när de Feierspritz net!"

Wie is Frühgahr längst rawar, trot dr Bummermann ben Bürgermaaster un sat: „Mer möchten emende die Schlieten wieder ausgaabn! De Leit machen ball Grummet, do werd wuhl kaa Schnee meh kumme!"

„Här mer oder ball emol mit daarer Dorbiererei waagn die Schlieten auf!" raunzet dr Bürgermaaster, daar gerode in dr „Natiunaln Zeiting fer gebildete Stände" dervu gelaasen hot, wie ver numeh vier Gahrne is erschte Mol dos Luftschiff „Z. R. III“ über dan grußen Wasser wag is. Übern grußen Wasser wag! Un daar Kalmis kimmt mit seine Lausschlieten dreinei! „Wos soll dä sei!“ schrier nu dr Bürgermaaster. „Hänge mer enn Zettel naus, wu's drauf ze laasen stieht. Ne Mantig stellst de die Krageln ganz aafach vürsch Spritzenhaus. Mog sich geder senn Schlieten wagnamme. Wos soll dä sei! Su aafach is die Sach! – Su e Luftschiff is kaa Gelanner- un kaa Hörnerschlieten! Huch laab daar Eckner, daar die Riesenzigarr lenken tut!“

Dr Bummermann dacht, dan hot's enn Traaf versetzt! Mitten an hallichten Tog lang besoffen! Dos hot daar früher derwaagn net gemacht.

Ne Mantig früh üm achte standen zweeavierzig klaane un gruße Schlieten vür'n Spritzenhaus. Halb neine warn de ganzen grußen Schlieten fort. Dreiviertel neine standen bluß noch de klenn dorten, is Gelaus un de Inveliden. Do warn Dinger derbei, die hätten e Patent verdient, un annere, die mochten aus dr Staazeit stamme. Oder do gang aah lang dr Hewedel lus: „Wos, dos solln die ganzen Schlieten sei?“ – „Wu is dä do mei Schlieten?“ – „Ich hatt enn ganz neie mit Buchsbaamstangle, dan hatt ich von meiner Willnaaer Tante Frieda!“ – „Un mei grußer Hörnerschlieten, ich derweck ewos, daar faahlt aah!“ – „Dos Ding do, dos soll mei Schlieten sei? Bummermann, du mußt kreizolber sei!“

Kaaner wollt enn klenn Schlieten gehatt hobn, kaans enn ogeschieferten, enn alten, enn kaputten oder gar enn Invelid. Dr Bürgermaaster is über dan schinn Bummermann neigefalln wie dr Wind nei'n Sommerwaaz, hot dan geschüttelt un gerüttelt, hi un haar gehaa un hätt ne an libbsten is Bankel vür dr Tür gesetzt. Wür dos Volk reballisch, gob's an End gar noch e Revolutiu! Die durft net sei! Wos wür dä do dr Amtshauptma sogn!

E Fünkel Gelück hatt oder dr Bürgermaaster noch bei daarner ganzen Sach. In Schwarzenbarg war e Schlietenfabrik krachengange. Dos kam in daarer Zeit öftersch emol miet vür, un de Leit saten, wie's in Blaatel ze laasen stand: „Oje, die schlachte Konjunktur ...“, un se habn derbei ganz gescheit geguckt. Wos dos aagntlich war, wußt kaans gewieß. Oder is mußt doch ewos Schlachts sei. Ja, un do warn noch e paar Schlieten do, die fer e Spottgald verschüttelt waarn sellten. Die hot dr Bürgermaaster aus daare Konkurschmasse aufgekaaft, e paar aus seiner Tasch un die an-

nern gange of dos Pöstel „Begleichung vun Wildschöden“ in dan grußen Hauptbuch vun dr Kommu. Die klenn Baierle mochten saah, wie se zeracht kame!
Nu hatt dr Bummermann sei gruße Wut, sei Staats- un Fatzenwut. Er mußt nu aah noch die neie Schlieten austrogn. De Leit habn dos beabsalviert un habn ze ne gesat: „Gerachter Struhsook! Du, dr Harr Polezei, bist unter de Waner gange! Dos is nobel vun eich! Su e Gemaavürstand müßt is ewige Laabn of Aarden hobn!“
Dos klaa Gelaus oder, dos vür'n Spritzenhaus stand, gang überhaupt net wag. Geden Obnd mußt dr Polezeier die Dinger eisparrn un geden Früh wieder rausstelln. Zerletzt hot er'sche gar nimmer eigesparrt, se bliebn is ganze gar über dra dr frischen Luft.
Wie oder dr erschte Schnee kam, sei die Summerfrischer aah miet alleworn. Un wie dr Polezeier enn trifft, daar sich e setts klaa Schlietel wagnimmt, sat daar: „Galle Bummermann, heier bi ich aah mit enn neie Schlieten dra. Do, guck dir dos verhungerte Hansel a, mit dan möcht mer doch net wetterhi dan Dorfbarg verschandeln. Dan wagzenamme, dos luhnt sich fei ball nimmer. Do möcht e neier haar, dos sei mer dan Asaah vun unnerer Kommu ganz aafach schüllig . . .“

Dr Bummermann, dos is eich fei kaa Dummermann

Daar gute Polezeier Bummermann hatt egal alle Händ voll ze tu: Wasserzins eikassiern, dr Bürgermaastern de Mangel drehe un fer'n Bürgermaaster, daar bei e Stücker sechs Vereiner, Vürstieher vun Vürstand war, de Zirkelarer trogn. Dos hot mer seiner Zeit esu gemacht: Mer hot die Eiloding vun Mitglied ze Mitglied getrogn, hot sich is „Gelaasenhobn" quittiern lossen un hot, wos mer an Waag zugob, dra'n Papier gespart. Un bei dan Zirkelarertrogn gang's dan gedsmol ben Polezeier darb scharf haar!
Hot dr Bummermann Wasserzins eikassiert, hatt'r de Polezeiermütz auf, war ewos vun dr Feierwehr ze bestelln, hot'r geschwind in Vürhaisel de Mütz gewachselt, un war nort daar, daar er sei mußt, kam mit dr Feiermütz, mit dr Sängermütz, Kriegermütz, kam mit dr Hausbesitzermütz oder mit dr Kuhhosenmütz. Wehe oder, er hätt emol e sette Mütz verwachselt un ebber de Sänger mit dr Kuhhosenmütz eigeloden, wos gar esu ausgelögt waarn kunnt,

als wärn die Sänger allezamm Kuhhosen, do hätt's enn daamischen Hewedel gaabn. Es mußt aabn alles sei Lot un Ordning hobn: Kuhhosen sei Kuhhosen, un Sänger sei aabn Sänger!
Nu is oder daar gescheite Bummermann mit seiner Mützengad emol ganz uverschaamt nei dr Fietschel kumme. Un dos war esu: Do war daar Schiene sattigsmol waagn dan Kuhhosenverei „Zun Blaue Wiener" of dr Tour, hatt de Kuhhosenmütz of'n Kopp, wie sich dos gehärt, un de Polezeiermütz in dr Tasch. Do setzt sich doch e Gung, su mir nischt, dir nischt, of senn zweemannign Schlieten un will daare Dorfstroß no.
Worüm dr Bummermann net neifunkt? Worüm daar'sch net polezeiern läßt?
Nu wall'r net kunnt! De Kuhhosenmütz war de Kuhhosenmütz, un de Polezeiermütz war aabn de Polezeiermütz. Aar hatt oder de Kuhhosenmütz of'n Kopp. Eh er oder die Mützen vertauscht hätt, wär dos Luder vun Saugung ne Saam noochenanner nei gewaasen. Na, un dos werd mer doch eisaah, doß net geder, bluß wall'r e Mütz aus Hosenfalle hot, e Polezeier sei ka!
Wos macht nu unner schiener Bummermann? Er macht is Dümmste, wos e Polezeier in'r setten Situatiu tu ka. Er setzt sich miet hintendrauf un ruschelt daarer Dorfstroß noochenanner nunter. Nu, waar streicht dä do of'n Kamm? Er hatt doch de Kuhhosenmütz of'n Kopp!
Mer söllt derwaagn net denken, wos su e Schlieten fer enn Zahn draufkriegt! Ne Bummermann wur speigarschtig. Un gerod do rufft daar Saugung: „Bummermann, Bummermann, mer habn ze viel Fiduz drauf, tu när emol racheln!" Nu tu doch emol, wenn de net kast! Dr Bummermann is ball of dan Schlieten gestanden un hot de Füß fest of'n Aardbuden gedruckt, oder gerachelt hot's net. Die Stroß mußten se raanewag mit Schmiersaaf eigeriebn hobn. Verdorian, un doderbei hatt'r aah noch seine guten Filzschuh a, die mit de Laaderflackle dra de Kappen.
Un eh sich dr Bummermann esu racht versaah hatt, do gob's aah lang enn gammerlichn Platzersch, do hot's gerumpelt, geprasselt un gewannigt. Do sei aah lang de paar Fatzen geflochen ... Se warn enn Mannsen, dos dr Dorfstroß naufmachet, ganz uverschaamt nei de Baa geruschelt. Irgndwan? Nu hä ebber! Wie se aus dan Schnee gekrochen warn un sich besanne, derschrackt fei net, stieht dr Bürgermaaster do, sei Gebut- un Brutharr. Dos war

menn schinn Bummermann oder gar net gelaagn, senn Luhharrn nei'n Schnee gehaant ze hobn.
„Rammelt mer doch aans mit'n Schlieten nei de Baa, Bummermann!" rufft dr Bürgermaaster ganz außer Oten. Un dr Bummermann sogt drauf: „Nu här eich dos a, Bürgermaaster, wos die esu aus unnern Voterland machn ... Die Sach waarn mer geleich hobn!" Er langet sei Polezeiermütz aus dr Tasch, un wie er'sche of'n Kopp hatt, lacket'r na'n Kupierstift, zug sei Büchel un sat: „Nu schie dr Reih enooch, nischt derzumachen, nischt waglossen. Wie gang dä dos zu?"

Dr Stiller un sei Gurkenhannel

De Leit übertreibn mannichsmol schauderhaft. Se sogn: War schu ne Methusalem sei Esel e alts Luder, nort wär ne Gurken-Stiller sei Pfaar e staa-alt Luder. Wenn mer esu wos härt, möcht mer fei sogn wir dr alte Gläß vun Eibnstock, daar sat egal: „E gede Lüg is aah net wahr!"

Dr Stiller hot enn Hannel mit Gurken, Haaring un Sauerkraut gehatt. In dan derbarmlichn Zeiten gang dos Zeig racht gut vun dr Hand. Gehannelt hot daar schu dermiet, när kenn Loden hatt'r derzu. De Fassle, de grußen un de klenn, standen geleich miet in dr Stub drinne, de Gurken un de Haaring ben Kannepee, is Fassel Sauerkraut dra'n Tisch, un wenn mer mocht, kunnt mer'sch geleich als Stuhl miet namme.

Wolltst de nu e paar Gurken hobn oder nutwennig e Schüssele Sauerkraut, aah dr Nacht, ne Sunntig, zen Feiertog, kunnt's sei, doß de Stillern of dan Fassel gerod e Wannel Buntes eigewaacht hatt. Do mußte aabn dos Wannel miet fortheben oder warten, bis se ihr Wäsch raushatt, wolltst de net, doß dei Gurk oder dei Sauerkraut nooch Schmiersaaf geschmeckt hot.

Nu muß mer oder aah geleich sogn, wie die Sach is: Ben Stiller hot alles nooch Haarig geschmeckt un gerochen, vergaabns de Schmiersaaf un is Waschbraat. Un habn de Kinner emol vun dr Stillern e Straafel Stolln kriegt, wußten se net, hatten se e Fischsammel oder Weihnachtsstolln.

De Leit sogn, e Kroh, die fliegt, findt ehnder e Kerrle als aane, die när sitzt. Un daaretwaagn habn se sich ben Stiller e Pfaar eigesteckt. Dos war ne Pfaarschlachter dervageloffen. Do standen of dan Truhewaagel de Fassle, de Büchsen un Töpp, un dr Stiller is mit daarer Staatskalesch wie e sette Fliegkroh vun Haus ze Haus gelästert, hot schauderhaft laut geklengelt un in enn wag garschtig geblekt: „Go – urken! Go – urken! Fri – sches Sau – erkraut! Sa – alzhaaring, fett wie e Gänsbauch!" Un geleich troten de Leit na dos Waagel, un dr Stiller hot seine Gurken un Haaring lusgeschlogn.

Die Sach wär gelatt un geschmiert gange, wär dos Pfaar net esu uverschaamt alt gewaasen. Trot dos e ganz klaane Walle, is ne schloffrig worn, do hot's ne de Gedanken genumme, un war net geleich dr Stiller insoot, nort is ümgefalln un log in seiner ganzen Pracht of dr Dorfstroß dorten. Dos hot nort allemol dan guten Stiller daamisch nei dr Woll gebracht. Hot mer schu emol e Pfaar, nort schlöft's enn aah noch dauernd ei! Un esu mußt sich egal aans vun seiner Kundschaft bei ne histelln un e wing mit dr Peitsch wedeln. Dos war oder gerod dos, wos dos Pfaar überhaupt net

verputzen kunnt. Un wall's ebber gar dacht, nu könnt's emende daamische Pfiff gaabn, hot's nort guttegar vergassen, doß 's aagntlich e wing natzen wollt.
Un esu stand aah gennmol dr Stiller mit senn Fuhrwark ben üntern Bäck, hot sei Vaarschel nei daare schinn Walt gegubelt un wollt gerod of senn Truhewogn steign un enn straffen Hannel afange, do werd doch dan Pfaar nooch Schlof zemut. Es legt de Ohrn e wing nooch hinten, wedelt nort noch zweemol mit senn Schwanz, gaahnt uverschaamt un haant sich längederläng of dr Stroß hi, üm sei Natzerle ze machen. Un wall's net dra gedacht hatt, doß hinten e Waagel drahing, hätt's in aaner Haar enn Prasslersch gaabn, un de Dechsel wär ze Bruch gewaasen. Oder aah ne Stiller hätt's ausdamme könne, denn gerod wie sich dos Pfaar of dr Stroß hihaant, hatt'r senn Kopp in enn Haarigfassel. Nu, es is nischt wetter passiert. Er war bluß mit dr Mütz un mit'n Kopp nei daarer Haarigbrüh getunkt.
E paar Weiber, die dos ganze Theater gesaah habn, reißet'n enn Quiekersch raus, un nort sei se wie Schoflaader dervageloffen, wall se dachten, dohierde wär e uverschaamts Ugelück geschaah. Oder nischt derva! Wie kunnten die aafaltigen Weibsen när su wos denken! Dr Polezeier Bummermann war lang insoot. Daar stand geleich braatbaanet of dr Stroß, hot de Arm nooch hübn un drübn waggehalten un hot de Dorfstroß ogesparrt. Is kam freilich niemand, oder dos war egal. Bei enn Ufall war de Stroß ze sparrn: „Dienstvürschrift fer de niedern Polezeibeamten" vun 31. März 1928, achtzaahnte Seit, unten rachts, un aah noch mit Bild!
Oder do sat aah lang dr Stiller, un er hot sich mit senn Schnupptüchel de Haarigbrüh vun Kopp un aus'n Gesicht getrichen: „Bummermann, alter Dorf- un Stroßenferscht! De kimmst mer wie gerufft! Saah när emol haar, die alte Schlofmütz, die! Nu liegt dos Luder of dr Stroß un stieht erscht wieder auf, wenn's e Bröckele Würfelzucker kriegt!"
Do sat dr Bummermann: „Bei denn Hannel werd doch ebber e sett Zuckerstaanel miet ofalln!"
„Oder gerod dos is doch! Ich muß erscht aans vun derhaam huln! Paßt de net emol of mei Pfaar auf, när dos kaane Kinner naginne, ich bi geleich wieder do! Mach, Bummermann, alter Salatferscht, tu mer dan Gefalln! De krist nort aah e schiene Gurk, ebber kaa Tasch, e richtige straffe Knackgurk!"

Wos wollt daar schiene Bummermann wetter machen? Un wenn dos aah noch e Gurk derfür setzt, wär mer doch e rachts Pfaarnast, gäng mer seine Gäng. Er hot sich bei dan Pfaar higestellt un hot Wach gehalten. Un wall's esu schie warm in daarer Sunn war, wur dan guten Bummermann salberscht wie hilegn un eischlofen.

Wos lang dauert, gieht nimmer schie! Un esu hot dr Bummermann agefange, of dos Pfaar dreinei ze streiten, erscht sachte, nort oder egal sehrner. Dos mußt oder dan Pfaar nei dr falschen Kaahl gefahrn sei. Erscht hot's zwee-, dreimol mit'n Kopp genuppt, nort hot's de Baa nagezugn, hot enn Huppersch gemacht, un trot aah lang of alle vier Baa. Dos hot dan Polezeier Bummermann esu derschrackt, doß'r an libbsten auf- un dervageloffen wär. Oder geleich hot'r sich drauf besunne, doß'r Polezeier war, stellet sich akkurat naabn dos schloffrige Pfaar un hatt's aah lang in dr Mach.

Dos war fei aah noch kaamol do, doß dos Pfaar vun e ganz ellaane un uhne Zuckerstaanle wieder of de Baa kam. Geleich saten de Leit, die dos beabsalviert habn: „Mer söllt net denken, wos unner Harr Polezei fer enn Pfaarverstand hot!"

„Geschwind, de Peitsch haar, sist schlöft's wieder ei un fällt e zweetes Mol üm!" schrier dr Bummermann ze enn Weibsen, dos mit ihrn Tippel dra'n Rand trot un e paar Garkle hobn wollt. Die oder net faag, stand aah lang mit dan Rütel do un hot dran dan Pfaar rümgegaakelt.

Do kame aah die annern Weiber razamm. Un geleich saten se: „Dos is oder net nobel, uns esu warten ze lossen. Bummermann, mach, lang uns e paar Haaring aus dan Fassel raus! Mach när, geleich waarn unnere Mannsbilder aus de weiten Stöck haamkumme! Un wenn die nischt of'n Tisch habn, waarn die uartig!"

Dos is ne Bummermann e fei wing nei dr Nos gefahrn! Geleich sollt dos aafaltige Weibervolk emol saah, waar do in dan Dorf dr Harr Polezei war. Un er hatt enn Gelangel, emol schauderhaft aus dr Roll ze falln, emol luszeschreie, doß de Gartenpfartle geklappert habn.

Oder nort hot'r in senn Kopp gedacht: Dos wär net racht vun dir! Bummermann, in dr „Dienstvürschrift" stieht aah ze laasen, als Polezei muß mer halfen, wu mer ka! Er sohch sich emol dos Weibervolk a un hatt mit enn Mol Mitlaad, ganz schauderhaftes Mitlaad. Un esu hot'r sich belatschen lossen. Er is of dan Wogn naufgestiegn, hot sei Polezeiermütz na dr Rung gehängt, de Ärmeln mit

die Polezeieraufschlög e wing naufgeschubn un gerod esu wie dr Stiller gubeliert: „Go – urken, Haaring, esu fett wie e Gänsbauch!" Nort hot'r geklengelt un wieder nei's Dorf geruft.
Do kam is Volk när esu gerammelt: Weibsen, Mannsen, Kinner, Gunge mit ihre Stelzen, Maad hintern Puppenwogn. E Auflaaf war dos, wie emende wenn de Zigeiner mit'n Tanzbaar kame. Un wie die Leit dan Polezeier sohchn de Haaring aus de Fassle fischen, habn se in aaner Tour geruft: „Satt eich dos a! Dr Harr Polezei fängt de Haaring wie de Battler, enn nooch'n annern!"
Un wie dr Asturm e wing noochgelossen hot, trot noch e Wittweibsen mit ihrn Kinnersegn ben Rand. „Bummermann, wos kosten dä de Fischle?" Do hot'r erscht e wing gestutzt un nort gesat: „De Fischle kosten dressig Pfeng is Tippel voll!" Oder do wußt'r aah schu, doß dos Weibsen sist wos in dr Walt hatt, när kaane dre sig Pfeng in dr Schürzentasch. „Un wos kost dä de Brüh?" Un dr Bummermann sat: „De Brüh kost nischt, die gibbt's gratis ze de Fischle! Die wölln doch in ihrn Tippel schwimme!" Do hot se is Tippel naufgelangt un gesat: „Bummermann, do gibbst de mer e Tippel voller Brüh!"
Do hot dr Bummermann erscht dos Tippel halb voller Brüh geschöppt un dernooch die annere Hälft voller Fischle geta. Die Fraa oder war ganz derschrocken un sat: „Ich wollt doch oder när Brüh!" Un dr Bummermann gob Widerpart: „Su is. Waar bei mir Fischle kaaft, daar kriegt de Brüh derzu. Un waar bei mir de Brüh kaaft, wos ne enn racht is, is ne annern billig, daar kriegt aabn de Fischle derzu!"
Do is dos Wittweibsen ganz gelücklich gewaasen un mit ihre Kinner dervageloffen. Se hot dos Tippel vür sich haargetrogn, esu behutsam, als wür lauter schwarze Farb drinne sei.
Wie oder dr Stiller retour kam, war dr Bummermann lang ne zammsten Ünterdorf nunter, hatt e Fassel Haaring verkaaft, un aah de Gurken warn ball alle, esu hatt sei Hannel geflackt. Un vun dan Ananas war kaa Bröckele ogange. Mer wußt ja schließlich, waar de Kundschaft war. De Leit oder saten: „Ja, bei dan Bummermann gieht 's vun dr Hand! Schod drüm, doß daar e Polezeier worn is. Daar hätt's wenn's paßt ze enn richtign Pfaar gebracht."

Su is, hot mer de Summerfrischer of dr Muck

Sattigsmol, wie's lang in Guni esu schie warm war, doß mer denken mußt, de Hundstog hätten e Sprüngel nooch vorne gemacht, do gang daar gute Bummermann gravetätisch durch'n Dorf. Er hatt de rachte Hand zwischen dan dritten un vierten Gackenknopp neigeschubn. Dos hatt'r emol bei dan Rittmaaster Knopp vun Klapperkopp gesaah. Un dos hot'n schauderhaft gut gefalln. Seit daarner Zeit war De-Hand-nei-dr-Gack-Stecken sei ganzes Laabn. Un hätt'r die Hand net zun Assen gebraucht, hätt er'sche emende überhaupt nimmer aus daarner Gack rausgebracht. Su sogn de Leit. Un mer redt's doch när nooch.

Er traanelt durch dan lästerlange Dorf un hot emol nooch rachts, emol nooch links gesaah, als zun Gock: „Na, wie habn mer'sch dä? Hob ich eich net e racht schie Watter gemacht? Möcht sogn, e Mützen-, Filzschuh-, Butterblumewatter! Ja, wu iech mich neihäng, do werd aus'n Husenknopp e Dreimarkstückel, un wu ich langlaaf, do tanzen de Ottergünferle Kreizpolka."

Do habn de Gäns in Dorfbach mit de Flügeln geschlögelt un habn in enn wag gerufft: „Ha, ha! Huch laab unner Bummermann! Dr Bummermann söll laabn, söll laabn, söll laabn!" Un wie gar e dappische Gans hinter dan Bummermann haarrennt un derzu gezischt hot, do kam daar gruße Ganserich insoot, hot ze daare dumme Gans dos schlachte Wort „dumme Gans" gesat un aah sist noch annersch Zeig. Su bies hätt daar'sche fei net benieme sölln. Dos macht e gelanter Ganserich net, überhaupt net. Nu hot die Gans e Flemm gezugn un hätt sich ball in Laad dersaaft.
„Sölln se doch ihr Frahd hobn, zischen oder gadern, die schinn, schinn Vögele", dacht dr Bummermann in senn Kopp. „Aah dos Weihnachten blebbt net außen. Dos gute Faadervieh muß durch dr Pfann, aans wie's annere, un dos Herzelaad werd riesengruß, wenn waarn seine Knöchele geknaipelt. Fei aah kaa schiener Tud, su ogeknaipelt ze waarn", dacht dr Bummermann wetter. Oder derbei hot 'n dr Zah ver Gelangel getroppt. Gottfriedstrammbach noch emol, Gänsbroten! Doderfür hätt'r of enn Kirchturm Handstand gemacht.
De Sunn macht alles gut un schie! Se deckt e goldigs Mantele über dos bissel armsaalige Walt. De Vögele larbern, de Weibsen tunne's aah, un de Blume wackeln mit de Köpp, wenn e klaa Lüftel drübergieht. Un dr Bummermann, daar is geloffen wie seiner Zeit dr Rittmaaster Knopp vun Klapperkopp.
Wos danmol de Müller-Ros fer enn grußen Frieserich in ihrn Gartel hot! Un die Waldmaasterstöck, die Dorschten, die Salatköpp! Gauch blebbt Gauch! Dos sog ich alle Tog. Nischt is mit dan ihrn Kili, Kuli, Kali! När Galdschneiderei! Die wärn dernooch un würn geden Maiblumestock ze lauter Gift un Gall machen! Wu sölln dä sist de Plattfüss, de Gebirgshäls un de Frostballn haarkumme, de Bandwürmer un de Filzlais? Gob's dä früher ebber esu wos? Sogt's när, immer sogt's när: Vun dan Kunstdünger kimmt's! Vun daarner Giftdrackerei, mit Respekt gesat!
Sett Düngersalz is gerod e sett grätzig Zeig wie dos Summerfrischen-Kohrich, dos nischtnützige, dos! Wagschaffen müßt mer'sch, dos aane wie dos annere. Un erscht die derva, die e Brill of dr Nos habn, die Hulefarne, die, die braatbaanet'n, die! Die Summerfrischer die! E gruße Kastenfall müßt mer baue. Un gänge die ben Schwarzenbarger Bahhuf durch daarner Unterführing, müßt's schnapp machen un danne enn grußen Klotz of'n Kopp haane. Se

brauchet'n doch net geleich tut ze sei. Bluß enn klenn Traaf müßten se wagkriegn. Mir könne doch aah net summerfrischern ...
Un esu is dr Polezeier Bummermann nei dan Summertog geloffen un hot sich sei Busset wie reife Äppeln aus enn Baam gepflockt. Un geleich sei schwarze Wolken na dan schinn Summerhimmel kumme, ganz schwarze, dicke Pobeln. Un is war gut, doß kaa Summerfrischer insoot war. Do hätt's emende geleich geschluhst un gegraupelt.

Oder gerod do, un er dacht, is laust ne dr Aff, entdeckt doch dos doppelt scharfe Polezeieraag ewos, wos war, oder doch net sei durft: Springt doch in Bürgermaaster seiner saftiggrünn Staats-, Ziegn- un Kuhhosenwies e ganze Summerfrischenfamilie rümhaar. Un wos is schlimmste is dra daarer Sach: Daar Voter hatt aah noch ze alln Überlaa e Brill of dr Nos sitzen! Un domit mer'sche fei net übersaah kunnt, aah noch e sette ganz neimodische, aane mit enn schwarzen Gestell!

Die Huppaufen in daarer Futterwies tunne gar net rüra vun waagne daarer Polezeierhus! Die machen e Gefangnis, haane sich gegnseitig nei dos schiene Futter, stecken sich gegenseitig Zuckerstaanle nei's Maul, wenn se sich derwischt habn, oder zinne sich de Baa wag, doß se hifalln un derbei wie klaane Schweinle raunzen un quieken.

Mog sei, wie's will! Oder dos braucht sich dr Polezeier net ze gefalln ze gelossen! Do macht'r aah schu hi ben Stroßenrand, dorten wu die alten Äppelbaam stinne, haat de Stiefeln nazamm un schreit nauf ze dan halb olbern Summerfrischenzeig: „Nu machen Se oder enn Punkt, meinstwaagn aah enn Semekolon, oder tunne Se mer dan Gefalln un ginne Se aus daarner Bürgermaasterwies raus, oder e fei wing laut, sist derkenn ich mich nimmer wieder. Un dos wär fei schlimm!"

Nu müßt mer denken, dos Volk wär derschrackt un laafet, wos hast de, wos kast de, auf un derva. Oder kaa Gedank! Net fer enn Pfeng. Dos hot ne net emol enn Blick gegünnt. Un dos war e schlimmes Zaachn, dos ka mer sich doch ausmoln. Nischt kunnt enn Polezeier meh nei dr Woll brenge, als wenn mer ne net ästemiert hot. In senn ganzen ewign Laabn war ne dos noch net vürkumme, doß aans net derschrackt is, wu aar neifunket. „Aus daarner Wies heraus, ihr Uverständ, oder ich zieh eich blank!"

Wos wußten oder die Leit vun Blankzieh? Daar Summerfrischervoter hot de Brill huchgeschubn un gar ebber gerufft: „Herrje, een Gendarme!“ Un die Kinner habn nei de Händ geklatscht un in enn wag gerufft, doß när esu geschallt hot: „Herrje, een Gendarme!“ Do hot's dan Bummermann e Paar Schlöfenodern rausgeknärt, dick un rund, gerod wie e Paar Brühwerschtle. Daar Summerfrischenma stemmet nu gar de Händ hübn un drübn zwischen Bauch un Hintertaal ei un schreiet retour: „Was haben Sie? Das Rindvieh dort drüben grast doch ooch of der Wiese!“ Er zeiget derbei nooch gegnüber, wu dr Pachstaa sei Bullnkalb dra enn Strick de Wiesenränner ofrassen losset.

In aaner Haar hätt unnern schinn Bummermann de Busset zerruppt. Un gerod do denkt'r: „Dos macht kaa galanter Ma, ver dan de Gäns in Öberdorf när esu zittern, bluß wall daar in Niederdorf de Stiefeln azieht!“ Un do sogt'r drauf: „Schlimm, schlimm, schlimm, meine Aagn! Meine Aagn machen nimmer miet! Un ich hätt waß Gott gedacht, Se wärn ebber Summerfrischer! Wenn dos oder net esu is, do grosen Se när feste wetter! Gut gegrost is halb gekahlt!“ Un dernooch gang dr Bummermann seine Gäng, sat noch e paar Mol hinterenannerwag: „Die Summerfrischer, die . . .“ un hänget de Busset wieder nei de Äppelbaam, gerod esu, wie er'sche vun dorten runtergenumme hatt.

Daar Summerfrischer war oder aaner aus'n Rothaus. Daar machet geleich of's Gemaa-Amtel un führet Klog gegn dan Polezeier vun waagne „Beniemung mit dan Titel ‚Rindsviehch‘ “. Oder dr Bürgermaaster mocht die Sach drehe, wie er wollt, er kunnt dan Bummermann net fer schüllig befinden, denn nirgndswu stand ewos geschriebn, doß när daar Polezeier Dienst machen durft, daar e Paar Prachtaagn hatt. Un wür er dos net, daar Bummermann wär derfür, un verlanget wenn's paßt, aah noch of Staatskosten e Brill, aane, die aus e Paar Normalaagn e Paar Prachtaagn macht!

Grosohaane

Is Watter is emol esu nort wieder net esu. Mer könnt ganze Romaner drüber schreibn. Un is gibbt Leit, wenn die nischt vun Watter ze derzöhln habn, habn die nischt ze derzöhln. Drüm is dos gut, doß is Watter egal e wing annersch war, als wie's gerod is un sei werd.

In Beierfald hatten se maa emol enn Schulmaaster, daar hätt Watter machen könne wie manniche dorten de Reibeisen, Teesieb un Kuchnblach. Wall'r oder e daamischer Angsthos war, dacht'r, is könnt ebber emol uverschaamte Plötz setzen, un hot die Wattermacherei sei gelossen. Waar läßt sich dä aah gern senn Hochzigtog verregne, bluß wall aaner gunge Salatpflanzen gesteckt hatt, un waar seine Salatpflanzen verdarbn, bluß wall aaner de Heiraterei net derwarten kunnt.

Danmol hot sich is Watter net lumpen lossen. Do stand e Futter of de Wiesen, doß sich drinne hätt e Ochs verstecken könne. De Maiblume hatten Köpp drauf, esu gruß, wie e Schleisendeckel, un Blaatle, dodergegn war e Schrutsaag e klaa Hieferle.

Dr Bummermann trot dra ben Rand vun seiner Wies, un mußt när egal denken: Do waarn oder deine Winterhaasle knaipeln! Un

se waarn de Blaatle rauszuppen un waarn de Halmle rauszuppen, un se waarn denken, dos wär alles Streißelkuchn.
„Willst doch net ebber dra's Haane denken", sat do aaner, daar verbeisappet. „Üm Himmels willn, bluß ebber net itze! De Hünd frassen Gros, do waß mer doch, wos folgt." Oder do stand aah lang e annerer dernaabn un sat: „Mach när, altes Maahrluder! Mei Laabfrosch, dos gute Dingel, sitzt ganz ubn of dr Letter. Un wenn daar kröhe wie e Hah könnt, grußer Schrack, daar häret überhaupt nimmer auf. Naa, wenn ich e setts Futter stieh hätt, ich wür oder wagschnaadeln, doß de Saas glühnigt wür."
„Bummermann, loß dr kaa sett dummes Zeig eireden. De Hünd waarn doch wissen, wos se machen. Wos kümmern die sich drüm, öb e Laabfröschel ubn oder unten sitzt. Wos ka dä schu in enn setten Froschkopp drinnestacken, dos ka mer sich doch ausrachne. Do gieht net emol e Halmel Struh nei!" Un dr annere sat geleich wieder: „Als wenn dos ewos ze sogn hätt ..." Wetter is'r net kumme. Denn wu dreie streiten, is aah e vierter net meh weit. Do stand dr Blei-Lui aus'n Ünterdorf dra'n Stroßenrand. Er hatt erscht e Walle gelauscht. Un wie er waghatt, üm wos die Streiterei gang, kloppet'r de Pfeif dra'n Absatz aus, hulet tief Luft un sat nort wie e alter Gerachtspruch: „Ihr Kalmissen. In'r setten Sach läßt mer sich doch net of Viehchzeig ei. Wos macht mer dä do? – Nu sogt schu, wos mer do macht! – Ich saah's, ihr habbt kenn Schimmer! Mer macht in Wissenschaft! Mer befrögt dan Hunnertgaahrign Kolanner! Daar hot noch kenn in dr Patsch sitzen lossen. Daar is e setter Wahritsoger, wie seiner Zeit dr Wallnstaa hatt.
Die lange Rederei gefuhl dan annern überhaupt net. „Här mit sette Geschichten auf. Sog, wos stieht dä nu in dan Hunnertgaahrign Kolanner drinne?" Oder do wur daar Kalmis ruhig. Nort hot'r gebrockt: „Nu gesaah hob ich aah noch kenn. De Leit sogn's när esu! Na, un ich hob doch aah kaa Futter of dr Wies."
Do hot sich dr gute Bummermann of senn Absatz kehrtüm gedreht un is ne Saam noochenanner no. Oder do hatt'n aah lang wieder aaner ben Schlawittchen: „Wos macht dä dr Harr Polezei, mit Verlaab gesat, haant daar oder haant daar net? Mer ka sich of nischt meh verlossen. De Leit reden ne Paster nooch: ‚Gab uns der Himmel ein gutes Futter, wird aar'sch aah nicht an Watter faahln lossen, es zu bergen."
„Naa, naa! Do gabb ich fei nischt drauf", mischet sich aaner drei-

nei. Daar war mit senn Fahrrod ne Dorfbarg raufkumme. Nu laahnet'r of dr Quaarstang un hatt e gruße Lust, enn Focht azefange. Doderbei kunnt'r sich e wing vun dan Bargaufwartslaafen ausruhe. „Ich richt mich nooch ne Baremeter. Un daar tut sich aus. Mol e wing su, nort wieder e wing su."
Do soll sich aans auskenne. De Leit machen sich gegnseitig olber, un kaaner wollt afange, sei Futter vun dr Wies ze huln. Un doderbei hot de Sunn Blosen gezugn. Dr Teer is in lange Rotznosen vun Dach rogetroppt un de Gunge kame aus'n Dorfbach gar nimmer raus.
Do dacht dr Bummermann in senn Kopp: „Waar is dä in dan Nast dohierde de Polezei? Nu hä ebber? ‚Tapfer an den Feind!' soll dr alte Wrangel geschriern hobn, un do hatt'r aah lang nei dr Hus gemacht! Du bist dr Bummermann, dr alte Durchzieher un Durchreißer! Un du zisst durch!"
Un wie er sei Dengelzeig in dr Schupp nazammgesucht hatt, do kam ne sei Lieblingslied nei'n Kopp, un er hot sich of dr Letter gestellt und gerodnaus gesunge: „Du Schwert an meiner Linken ...", wetter wußt'r ne Text net. De nächste Zeil hot'r bluß noch Trompet geblosen, un ze guter Letzt war när noch de gruße Trummel miet derbei. Un esu hot'r feste mit dan Dengelhammer of e altes Kuchnblach geschlogn, doß mer denken kunnt, in Eisenwark hätten se de Dampfhämmer dr Reih e nooch lusgelossen.
Wie de Sunn e wing wag war, hot'r mit Dengeln agefange, un mer möcht sogn wie gener, aah mit klengeln. Dos war, als wär e Ausschreier dr Dorfstroß noochenanner no. Gede Sparrgusch, die's in Dorf gob, un dos warn fei e ganzer Haufen, trot ben Bummermann. Die aane sat: „Daar will doch ebber net haane ...", de annere drauf: „Ich wür erscht emol saah, wie's Watter werd ...". – „Neimond un Heimachen! Ich quiek Feier!" – „Derbei is dos Futter noch gar net reif!" Un e alts Weibsen maanet gar: „E setter Uverstand ka när unter aaner Polezeiermütz gedeihe!"
Dr Bummermann hot darbe Schübeln Raach nei daare schinn Walt geblosen un hot die Maahrfässer reden lossen, bis se fartig warn. Un wie er nort noch e wing of dr Hausbank soß, sat vergaabns sei Weibsen: „Vater, ich waß fei net. Ich denk egal, die Leit habn emende doch racht. Mer sollten erscht emol saah, wie is Watter werd. Loß doch die annern afange. Die vornedra sei, die derschießen se all mei Tog zeerscht!"

Nu dos war erscht wieder e Gemaahr. Un wenn dos ne nächsten Tog Kühgunge geregnet hätt. Nu gerode! Un esu kam, wos kumme mußt! Wie er ne erschten Schniet macht, fängt dos a ze drahschen, un dos geleich esu sehr, wie dos emende när alle zaah Gahr vürkimmt. Mit enn Mol sohch dr Himmel aus, als wär er e grußes Ufenloch. De Brüh is ne net när ne Buckel no, aah geleich bei de Schuh wieder naus. Grußer Schrack, wos war dos när fer e Haufen Futter!

Do sat aaner vun dr Stroß haar, er stok unter enn Regnschirm: „Tust wuhl haane?" Un wie sich dr Bummermann ümdreht, macht daar lang drübn bei de Wiesen nei. Un wos macht daar: Daar fängt aah a. Un wie de Uhr stark of siebne ging, habn achtzn Mann ihre Wiesen ogehaant. Dos hot geschnieten, när aamol! Huches, nasses Futter, esu wölln dos de Grosohaaner hobn! Un is schennste dra daarer Sach war: Es hot nimmer geregnt. Esu gaahling, wie dos agefange hatt, esu hot's aah wieder noochgelossen un aufgehärt. De Wolken sei klenner un klenner worn, warn bluß noch Wölkle, Schaafle, e wing Naabel, als bloset aans Tobakraach na's Blaue. Un wie de Fraa is Frühstück bracht, do hot de Sunn esu gelacht, doß all die Tröpple wie Patterle in dan nassen Futter geglitzert habn.

Zwee Tog spöter kunnten se ben Bummermann eifahrn. Do habn sich aah de letzten überzeign lossen un habn mit Haane agefange. Enn Wogn nooch'n annern hot dr Bummermann mit seiner Fraa ehaamgelästert. Dos bissel Buden war schu lang voll, un immer noch log de halbe Wies voll Futter.

„Wos daar mit dan vieln Hei will", saten die enn, un die annern: „Daar ka aah ne Rachen net voll soot kriegn!" Oder de ganz Gescheiten, mit enn Mol warn e ganzer Haufen do, die saten: „Su is dos! Hätten mer dan net zugeredt, wür heit noch dos Futter stieh! Su e Mensch mog fer dr Polezei geschaffen sei, oder vun Heimachwatter hot daar kenn blassen Schimmer."

Aaner vun de richtign Bauern trot ganz weit an Bummermann na. Er hot ne nei'n Ohr gebischbert: „Wenn de wieder emol Ordere vun Schwarzenbarg krist, do läßt de dos aah miech miet wissen", un er stecket ne e klaane schwarze Worscht nei dr Husentasch. Un dr Bummermann sat: „Net dos ich wüßt . . ." – „Stell dich när aah noch racht dappisch a. Ich maan doch waagn dan Watter un esu . . ."

De Kuhhosenausstelling un ihr Noochspiel

Wie sattiger Nacht in dr Kuhhosenausstelling aans de Türle allezamm aufgemacht hatt, wur aus dan Tanzbuden e Kaffatenstall. E sette Lust hatt's of enn Tanzbuden fei noch kaamol gaabn. Un mer möcht sogn wie gener: De schennste Lust is egal die, die mer sich salberscht macht. Do gang's bügelhuch haar, do hot de Wand gewackelt un dr Kronelechter hot gezschaukelt. Un kaans hot gefrögt, waar er aagntlich wär. Seid ümschlunge Milliune! Is dos e Fast! När soot vöder, när soot vöder! „Wos bist de fer aaner, e Chingschilla, e Gaahlsilber, e Belgischer Ries? Dos is doch mir aanerlaa! – Bei uns gibbt's kaane Wiener un kaane Riesen, bei uns gibbt's när Mannle un Weible!"
War dos eich aane Lust! Dacht mer, wos is dä dos dort fer e Pobel, huppet's vöder un war e Hos, of de Fansterbratter, zwischen de Bierseideln, Kuhlnaamer, in elektrischen Klavier. Vergaabns in dr Kasse mit de Eitrittsgalder sei're rümhaargehuppt. E paar ganz olbere Ludern sei of dr Bühne nauf un habn vür dan grußen

ruten Plüschvürhang ihr Theater gemacht. Su eine Sünd, su eine Sünd. Daar huchnaasige Züchterstolz wur rogeruppt un nei'n Drack getraaten, schenner wie schie! Un geleich haaßet's, su eine Niedertrachtigkaat ka gar kaa Mensch begieh, dos muß enn pulitischen Grund hobn.

Oder, oder, möcht mer sogn. Kuhhosen trogn ihre neinezwanzig, aah emol dressig Tog, nort is esuweit! Do kam dr Storch ze die Kuhhosenweibsen. Wos haaßt dä do dr Storch? Do war e ganze Storcherei unterwaags. Vergaabns dr Stadtstorch vun Radschepura of Borneo mußt miet razamm un mußt miet aushalfen. Daar hatt sattigsmol e wing Sauregurkenzeit, bei dan war net viel lus. Daar Storch war oder e Sauigel. Of dan war überhaupt kaa Verloß. Daar hatt enn dracket'n Hals un hot aah e wing gesoffen.

Aanefuchzig Kuhhaasinne warn in guter Hoffning. Frögt oder fei net, wu überol die Wochenbetten standen: in dr Saubucht, zwischen de Stöckhaifen, in Kuhlnkasten un bei enn Wittweibsen gar of'n Kannepee. Un daar Dingerich aus Borneo, daar kaa Starbnswörtel Aarzgebirgisch kunnt, hätt in aaner Haar enn daamischen Schluhz gemacht un statt daarer Kanter-Haasen dr Kanter-Elsa nei's Baa gebissen. Emende hätt's dan aanevierziggaahrign Maadel aah noch gutgeta. In dr Nut, do frißt dr Teifel Fliegn, dos waß mer doch. Vergaabns ne Fichtner sei Hos krieget Kinnerle, un daar hatt mei Tog gedacht, er wär e Bock.

Wenn gede Haasen halbnwaags ihre viere haarschafft, mer traut sich's ball net auszerachne, do sei dos über zweehunnert Kuhhosenköpp in natura. Su e Mannschaft frißt doch enn Dorf de Haar vun Kopp runter. Dos ka mer sich doch vornewag ausmoln: Do werd aus geden Maiblumestock doch e Liebegottel, un de Stroßenranner waarn aussah, als hätt ne dr Balbier de Haar ogeschnieten. Oder de Aardäppelschöler erscht, die waarn e Tax kriegn huch un stark wie Streißelkuchn.

Zweehunnertaanevierzig Hosen warn durch daarer Nacht zun Dosei kumme. Die Mannschaft, die dos is, muß mer sich emol vürstelln! Zweehunnertaanevierzig sette Ludern of enn Haufen! Mit Verlaab gesat, se warn oder aah dernooch: Graae, weiße, welliche mit Stieh- un annere mit Schlappohrn, manniche hatten aah alles beedes, aans naufzu un aans nozu. Do war aah e Hos derbei, e ganz putzigs Luder, daar hatt enn Kopp wie e Katz. Un mer mußt gerodwag denken, emende hatt of dan Tanzbuden sattigsmol aah dr Schmidt-Rosa ihr grußer Koter sei machtige Lust, sei Staats- un Fatzenlust!

Durch daarer Nacht war de Aatracht in Kuhhosenverei „Zun Blaue Wiener“ darb lediert. Do warn gut un gern ihrer sachzn Kuhhosenbrüder anenannergeroten, habn sich Schand un Brand ageta, wall se gedacht habn, ihre Hosen wärn in daarer Nacht allezamm verwachselt worn. Un die Kalmissen dachten allezamm, mer hätt se bei dan Hannel aah noch ageschmiert. Na, un aah dos ka mer sich denken, die Hosen, die se vornewag warn, sei se allezamm nimmer gewaasen. E sette Nacht nogt dra'n Herz un brengt aah gut un gern enn Belgischen Ries vun achtehalb Pfund aus dr Balangse.

Un esu sei zweehunnertaanevierzig Bankerten vun dr Basterrasse nei's Laabn getraaten un habn sich nei's Laabn gefrassen. Un brächt mer geden Hos of seine fünf Pfund Flaasch, dos is gar net ze huch gegriffen, wie mer sich ka sogn lossen, do käme gar an die zaah Zantner nazamm. Su e Barg Flaasch langet ben öbern Wirt fer neitausendsechshunnertaanesachzig Mittogassen un emende aah ze meh noch.

Wie oder nort acht Wochen rümwarn, do habn die Ziehvotern ihre Haasle ogesetzt. Nu mußten se salberscht saah, wie's nu wettergäng. Un e do bracht dr Polezeier Bummermann zwee sette Fraßludern miet ehaam. Hamlet hot daar aane gehaaßen un Lord Millington daar annere. Na, un wenn mer die fein Naame esu härt, waß mer, wu die zweea haar warn: Die warn aus'n Schulmaaster senn Gestüd. Die Hosen hatt'n daar Schulferscht geschenkt, suzesogn vun Kolleg ze Kolleg.

Dos hatten se sich ben Bummermann aah net traame lossen. Nu war gaahling Zuwachs nei's Haus kumme. Un ne Bummermann sei Fraa sat: „Wenn ich gewußt hätt, doß mer sett eigebildt Zeig rei unnern Haus kriegn, gar enn Lord, ich hätt mich of daarer Kuhhosenzucht fei überhaupt net verstieh könne. Sette Leit sei doch wie de Kinner, die wölln egal beta sei!“ Do hatt se e wahr Wort geredt. Un sohch mer die zwee Fraßsöök, hatt mer'sch in natura. Andauernd is daar schiene Bummermann ben Nast getraaten, bracht Mährnkraiterich, e Stückel Behbrut, mannichsmol aah e Eckel Laaberworscht oder e Würfelzuckerle. Un dr Bummermann mußt när egal denken: Dr Vürnaahmere is waß Gott dr Lord, oder daar Hamlet, daar hatt enn Kopp, akkerat wie dr Bürgermaaster. Aah de Ohrn sohchn esu, de Zäh, de Nos un is olbere Getu. Mer sieht doch enn Kind geleich senn Voter a.

„Fraa, kumm när emol miet naus!“ esu stürzet mannichsmol dr Polezeier nei's Haus. „Die Hosen, is dos e Lust! Hast de schu emol gesaah, wie daar aane de Nos naufzieht, wenn'r lachen muß, un erscht gaahnt, wenn dan schloffert ... Fraa, horch när emol, wie daar mit de Zäh knirschelt, gerod, als wenn aans Arbsen durch dr Kaffeemühl dreht.“ Un nort mußt ne Bummermann sei Weibsen mit naus. Un wehe, se hätt net gesaah, wie daar aane Hos lacht, gaahnt oder daar annere mit de Zäh knirschelt. Dr gute Bummermann hätt sich in Laad dersaaft!

Wie's of dr Kirmes nagang, do sat ne Bummermann sei Weibsvolk: „Nu machst de oder dan Laabnschie e End! Dos faule Volk do draußen! Su sanne die schu aus: Ihrn Bauch voller Schöler frassen un net emol de Aagn verdrehe, wenn mer na's Türle kimmt. Aaner vun die zweea muß nei dr Pfann!“

Esu deitlich hätt se's nu aah wieder net sogn sölln. Geleich war e gruße schwarze Wolk vürn Bummermann seiner Kirmessunn. Do is'r haltig nausgemacht, hot is Masser of'n Staa gewetzt un ne Hackstock nei's Waschhaus gekollert.

Wie er oder nort ben Nast dratrot, dacht'r, waar vun die zwee Kalmissen kimmt dä heit dra? Ebber daar eigebildte Millington oder daar verfrassene Hamlet? Do hot dr Bummermann de Aagn zugemacht, hot sich dreimol ümering gedreht un hot nort neigelangt. Un wan hatt'r derwischt? Doch net ebber dan eigebildten Lord! Kaa Gedank! Daar log drinne un hot net emol de Aagn verdreht. Ne Hamlet hatt'r derwischt, dan verfrassene Hamlet!

Un esu soß daar Hamlet of dan Hackstock un hot gewart, wos nu esu kumme wür. Dr Bummermann hot oder gedacht, wie dan Hos itze, su war'sch seiner Zeit dan Kunz vun Kaufunge üms Herz rüm, wie's ne of'n Freibarger Mark habn tutgemacht. Schlimm, schlimm! Wos wür nu sei Freind Lord Millington astelln, wenn sei Dutz- und Fraßgevatter nimmer käm? Su ein Herzelaad! Aagntlich wär'sch dan eigebildten Luder aah ganz racht!

Wie ne oder nort sei Hamlet esu vun unten rauf agesaah hot, is dan schinn Polezeier Bummermann ganz annerschter worn. Daar Hos hot net ebber wie dr Kunz vun Kaufunge geguckt, dos mocht noch sei. Naa, daar hot genau esu geguckt wie dr Bürgermaaster. Un do dacht dr Bummermann: Naa, dos is net racht, senn Brut-

harrn aans hinter de Löffeln ze haane un mit enn Taschenmasser ozeschlachten! Dos is net racht! Un do hot'r dan Hos wieder ze senn Freind Lord Millington neigesetzt. Zer Kirmes gob's ben Bummermann kenn Hos, de Freindschaft mußt sich mit Gewiegtsbrotle zefrieden gaabn. Un daaretwaagn haben die sich net stärn lossen, se habn eigehaa, wie e paar hungrige Löbn, ganz esu, wie's de Freindschaft aabn macht, wenn se enn besucht.
Nu sitzen die zwee Ugelücker schu ihrer siebn Gahr in dan Stall, habn sich Ranzen nagefrassen wie de Brauereipfaar un rührn sich net vun Flack. Ihr Gelück war oder när, doß daar Hamlet esu e Guck wie dr Bürgermaaster hatt, un daar war schließlich ne Bummermann sei Brutharr!

E Klarenett muß sei!

Of daarer Walt gieht's fei mannichsmol putzig zu. Emol su, un dernooch geleich wieder esu. Waar soll sich do noch auskenne! Un genau do dreinei kam e gewisser Schutenheiß of Schwarzenbarg. In daarer Zeit, wu de mehsten lange Walle, wall se kaa Arbet hatten, hot daar enn Kintopp aufgemacht. Emende dacht daar gar, doß aar'sch mit dan ze ewos brenge kunnt.

Wall oder die schwarzen Mannle of dan Bettzeig när egal laafen, reiten, huppen, beißen, zupuchen, oder net reden kunnten, dacht daar Schutenheiß: Die Sach waarn mer geleich hobn. Er wollt wenigstens über Sunnobnd un Sunntig derzu enn schinn Spektakel hobn. Un esu hot'r sich enn ausgedienten Kanter reigeta. D mußt e Pianoforte spieln. Esu stand's zewenst of de Plakater. Oder dos Pianoforte war när e gewähnlichs Klavier mit schwarze un weiße Tasten, wie dos in geden Wirtshaus ze finden war.

Daar Kanter, gewiße kaaner vun dr besten Sorte, draschet esu uverschaamt of dos Pianokastel nei, doß mer denken mußt, es quieket ver lauter Schmarz un Herzelaad, aah dorten, wu's hätt trillern, schallern un gubeln müssen. Un wall daar Kanter aah noch e fei wing kurzsichtig war, wußt'r egal net, wu's of dan weißen Bettuch nausgang, ob do oder dorten. Sollt daar e schiene sachte Musiek machen, krachet'r of die Tasten drauf, egal, ob of Schwarz oder of Weiß, doß e Hammerwark dergegn e Spielzeig war mit enn Bischberstimmel. Un sollt'r emol ewos ganz Scharfs machen, ebber wall e Kumpenie Infanterie ben Reichswehr-General v. Seeckt verbeikloppet, do war dan de Luft alle, un is käm ne nischt annerschter nei senn Kopp, als ze spieln: „Wer schleicht durch die nächtlichen Wälder so einsam wildernd umher . . .", wos gar esu ausgelögt waarn kunnt, als wär die ganze Reichswehr nischt annerschter als e Korona Wilpertspuffer erschter Grade. Un wie er nort emol gar gespielt hot, gerode, wie dr Reichsaußenminister Stresemann ze saah war: „Wenn ich dich seh, da fange ich zu weinen an . . .", do is dan Kinoma Schutenheiß aus Schwarzenbarg ganz uverschaamt dr Kamm geschwolln. Kaa Wunner, wu daar doch bei dr „Hausbesitzer-Kampffront gegen unrechtmäßige Mieterforderungen e. V." war. Er möcht maa aah derbei sei Pöstel gehatt hobn. Un gerode die hot mit ne Stresemann seiner Volkspartei e wing gesympatesiert.

Er hot dan verdutzten Kanter daamisch genußt, durchenannergerüttelt un geschüttelt un nort uverschaamt nausgepfaffert. Un dos aah noch gerod an daarer Stell, wu er in dr „Heimsuchung dr Farschterchristel" dos Liedel runtergeklimpert hot: „Puppchen, du bist mein Augenstern, hab dich zum Fressen gern . . ." Aus war'sch mit daarer „Pupperei" un „Frasserei". Un esu wur dr Kanter vun do wag,

wos'r schu emol war, aaner uhne Arbet. Do war daar net allaane, hatt wieder e Gesicht wie die annern aah un war aus die nimmer rauszefinden.
Un esu kam daar Schutenheiß of Kuttergrü, wall ne aans gesat hätt, do wärn e paar Mannsen, die gegn e paar Neigrosch oder enn Zippel Worscht ihre fünf, sechs Stunden e Tanzmusiek machen könnten, wenn mer'sch när wollt. Un die könnt sich fei härn lossen. Gemusiekert habn die dorten, wu's gerod verlangt wür: zer Silberhochzig, ben Schlachtfast, zer Leich, of'n Tanzbuden. Sugar bei enn Saaltänzer hätten se schu gespielt. Mer mußt när bei se bestelln, wos mer wollt, un schu war dos Völkel insoot un platzet lus, wos luszeplatzen gang. Do wur enn wie lachen, heiln, friern oder schwitzen. Vergaabns vun dr Schlem warn se gehult worn, wall die e Kurkonzert fer ihre Patienten gebrauchn kunnten.
Nu sollten se in Schwarzenbarg in enn Kintopp spieln. Gerod war „Ben Hur" verbei, is „Dreimaaderlhaus" un „Dr schwarze Husar". Do sollt wieder e setter Batzen kumme: „Kaisermanöver". Wos dos alles fer putzige Titeln warn. De Musieker habn när eitel mit de Köpp genuppt, als wüßten se dos nu allemol, hatten oder vun nischt enn Schimmer. Die sei schu sistwu gewaasen, när noch in kenn Kintopp. Dos war oder dan Schutenheiß ganz aanerlaa. De Hauptsach, er hot wieder e Musiek.
Un wall nu daar Kino-Schutenheiß sat, geder krieget fer enn Tog spieln e Mark, dos könnt sich saah lossen, do wollten se doch net na. Fer die paar Neigrosch laafen se doch meh vun Schuhzeig ro. Naa, fer aaner Mark ne ganzen Sunnobnd un fer e annere ne ganzen Sunntig üm de Ohrn ze schlogn, dos brengt daar Battel nu wirklich net ei. Dos war doch kaa Tax fer e gute Musiek. Do war doch de Fatzermusiek dergegn e Huniglack.
Wie oder nort daar Schutenheiß enn Rückzieher machen wollt: Es göb soot annere, die ne de Bud eilaafen würn, wenn se's när wüßten, sette, die sich de Finger nooch su enn Pöstel när esu lacken, do sei se laahlich worn un sachte of dan Hannel eigange. Un doderbei habn se zewenst noch geder zwee Freibiletter fer geden Film rausschinden könne. Zwee Mark in dr Woch un zwee Freikarten, dos war kaa gruß Lus, oder is war sicher Gald un e Troppen nei dr Hauswirtschaft.
Oder nu wollt daar Kinogust partout e Klarenett in daarer Kapell derbei hobn. De Klarenett wär „dr Bajazzo unter de Musiekinstre-

menter". Wu e Klarenett wär, häret dr Teifel auf ze gaahne. E Klarenett huppet über'sch Graabel emol nüber un emol wieder rüber. Se hatten allerhand in ihrn Orchester, när aans net: e Klarenett.

Un esu hot daar schiene halle Kino-Glücksstern sachte oder sicher sei Farb verlorn un wur nooch ganz hodergraa. Die sechs Kalmissen soßen beienanner un habn sich gegnseitig de Haar nagemacht, wall se Bumbertu, gruße Trummel un Triangel spieln kunnten, alles annere brachten se, när net ebber Klarenett! Un daar Schutenheiß wollt net ubedingt e Posaun, Waldhorn, kaa Hüfthorn un kaa Knallhorn. Nischt wollt daar wetter als enn Bajazzo unter de Musiekinstrementer, e Klarenettel! Un wenn's allaane spielet, de Hauptsach, es huppet e wing ne Graabel rüber un nüber. Do saten de Musieker unterenanner: „Erscht habn, spricht Schramm!" un habn sich hinter de Ohrn zerscharrt.

In daare grußen Bedrängnis, gerod e do, krieget'n se ne Bummermann nei dr Mach. Daar hatt enn ganzen Tog lang Wasserzins eigetriebn, derbei Eisbaa kriegt, un war gerod derbei, se sich wieder aufzetaae. Un dos waß mer doch: In'r setten Sach war nischt mit e Stamperle Pfafferminz. Do mußt mer schärfer ragieh, emende mit enn Faustpensel Harten oder esu! Un emende aah noch mit enn zweeten, wu mer doch of zwee Baa durchs Laabn läft. Na, un aah dos möcht mer benieme: Wenn mer enn Wirt hot, daar uhne Murrn aschrebbt, gieht die Auftaaerei allemol senn Gang, esu vun unten nooch ubn. Und do werd aah dos miet aufgetaat, wos gar net eigefrorn war. Un esu war ball daar gute Bummermann esu un esu, bluß nimmer ganz allaane. Er hot egal sei Polezeiermütz bis na dr Deck gehaant, hot gegubelt un geschriern: „Deitschnational verdirbt kenn Charakter net!" Doderbei merket e gedes, daar Schofkopp vun Polezeier wußt überhaupt net, wos dos war. Fern Hausbesitzerverei, do faahlet'n is Haus, fer dr Landwirtschaftspartei e Zieg mit enn Saamel Land. Deitsch war er, un national aah, dacht'r, dos könnt dos Schachtele sei, wu er emende neipasset.

„Bummermann, deitschnational, dos is e rachter Schluhz! – Klarenett muß mer spieln könne!" sat do aaner vun die Musekanten. „Mit'r Klarenett kast de bei enn Graabel emol rüber un emol nüber springe!" gob e annerer derzu. „Wenn dr Teifel Klarenettel härt, vergisst'r ze gaahne!"

Na un wos macht do aaner, daar dos härt un ne Kopp voller Binne hot? Daar schreit esu laut, doß's ganze Dorf härn kunnt: „Wenn's wetter nischt is! Klarenettspieln war all mei Tog mei ganz Laabn! De Laaf, raufzu, nozu, un wieder raufzu, dos is mei Spezialität! Ich leg eich e Solo hi, wos sog ich Solo, e Solissimo Klarenetto, doß dr de Gänshaut aufläft wie e Reibeisen ..."

Dos war fer die Musiekergusten de gruße Glock, de Hallelulia-Glock, di do nazammgeschlogn hot mit zaah annere. Daar Bummermann spielt Klarenett! „Klarenett, Klarenett, nett, nett!" Se habn's huch nausgegubelt, sich gegenseitig agepackt un geworschtelt habn sich geboxt un grateliert. Se habn dan Bummermann of sei Polezeiermütz gepucht un habn ne durch dr Gaststub mit zammsten Stuhl getrogn. Un wie esu oft in Kuttergrü, kunnt mer aah dohierde un bei daarer Sach dan gewichtign Satz härn: „Ja, daar Bummermann ...", wos haaßen sollt, daar is net när e Hund of dr Geig, nu aah noch of dr Klarenett. Un esu sei se geleich alle sechse of Schwarzenbarg ze dan Kinogust Schutenheiß geloffen un habn vermaldt, de Klarenett wär do un könnt mit Lust un Gitt über de Graable springe.

Oder wie dos mannichsmol esu in unnern Laabn is: Wie se ne annern Tog of dan Bummermann waagn daare Klarenett zukame, wußt daar zwar, doß zwee Pfund fettes Rindflaasch e gute Brüh gaabn, oder vun ewos annersch wollt daar überhaupt nischt wissen. „E Klarenett hätt'r in senn ganzen lange Laabn überhaupt noch kaamol vun nahnden gesaah, geschweige in aaner neigeblosen. Do müßten se sich ganz uverschaamt verhärt hobn. Emende wär dos e annerer, dan se maanet'n, ebber dr Tutengraaber, dr Hebamme ihr Ma oder e annerer. Un dos waß doch gedes Kind, nischt gieht geschwinder, als sich emol ze versaah. Aar un e Klarenett, naa, do wüßt'r fei nischt, dos tät ne laad.

Nu do Gelückauf, Harr Amtma! werd e geder sogn, daar dos härt. Wos blub dan Kalmissen wetter? Se habn of dan Bummermann neigestrieten, alle sechse of aamol, doß kaaner sei aagens Wort verstieh kunnt. Un wall nu emende dr Bummermann net zugaabn wollt, doß'r genn Tog e daamische Pudelmütz gefrassen hatt, drüm sat'r in seiner Aafalt: „Menn Schwiegervoter sei Bruder, daar muß emol aane ben Miletär gespielt hobn. Wenn's paßt, liegt die bei uns noch of'n Öberbuden rüm. Emende hilft eich dos wetter. In dr Nut frißt dr Teifel Fliegn, dos waß mer doch. Oder

drauf gespielt hob ich fei noch kaamol. Ich waß aah gar net, ob die noch gieht ...". Un dodermiet hatt sich dr Bummermann ganz uverschaamt neirouliert.
Zwee Mark dr Woch, dos is e Haufen Gald. Dos hält miet Haus. „Bummermann, Polezeier-Liebegottel! Land- un Stroßenferscht! Sauluder, altes gutes! Wenn de emol noochsaah un aah emol drauf probiern könntst! När esu un esu ..." Die Kalmissen habn Land gesaah, net sehr scharf, oder Land is Land! Un se hätten ver Frahd ball derzu geheilt!
Dos war oder gerod net gut. Dr Bummermann kunnt alles in dr Walt verputzen, bluß dos net. Do wur ne aah egal geleich wie heiln. Un esu sei se siebn Mann stark of dos Öberbödel nauf un habn nooch enn schwarzen Kastel gesucht, wu e Klarenett drinne sei kunnt. Nu sucht när emol in enn Aarzgebirgshaisel untern Dach in dan alten Rumpelzeig rüm. Wos kimmt enn do alles nei de Händ: e kaputter Saager, e Schaukelpfaar mit när drei Baa, fünf Rutenbaasen, e Pfaargeschirr, Töppzeig, e Karton mit alte Filzschuh, Wärmflaschen, wenigstens zaah kaputte Stühl, e Sack voller Saagspaah un derzwischen Lindenholz fersch Schnitzen un anner Zeig. Wie de Rußbrenner sohch'n se aus. Oder nooch'r guten Stund, stand aaner ganz gelücklich ben Dachfanster dorten, hatt e schwarz Kastel aufgemacht, in dan in ruten Sammet eigewickelt, e Klarenett log.
„Probier när emol, Bummermann. Un wenn de wenigstens enn Quiekser rausbrengst", esu habn se dan Polezeier gedrängelt. „Erscht dos Blaatel e wing mit Spucke waachmachen." Un mer söllt's net denken: Dos hot net lang gedauert, do kame de erschten Quieksern. Die warn schauderhaft garschtig. Waar die gehärt hot, dan wur wie Starbn ze mut. „Singt Gloria!" schrier do aaner vun die Musekanten. „De Hauptsach, e Klarenett is drinne! Wie oft, hot kaaner verlangt. Drinne sei muß se!
Do hot dr Bummermann an die zwee Mark gedacht un an die Weibsen, an die Kinner vun die Musikanten un aah do dra, doß'r sich do derfür wieder e paar schiene Weiße Leghorn reitu könnt, e Gewitterspritz kaafen un ben öbern un üntern Wirt is Schnapsregister aus dr Walt schaffen könnt, un hot sich eisaafen lossen.
Bei daarer Probiererei sat aaner vun die Musikanten: „Guck när haar ze mir. Wenn ich mit'n Kopp nupp, machst de drei Mol ‚pfiep, pfap, pfiep!' Do, esu hältst de deine Finger of die Klappen.

Su do! – Paß auf, itze spieln mer dos Ding noch emol, un wenn ich nupp. Na, du waßt schu, kimmt vun dir dos Soli ‚pfiep, pfap, pfiep'!" Un wie dos nort esu halbnwaags gang, habn se aah noch e wing anner Zeig probiert.

Ne Sunnobnd-Noochmittig sei se siebn Mann stark of Schwarzenbarg geloffen, fer dan Film „Is Klostergespenst" Musiek ze machen. Of'n Plakat stand „Freie Variationen des Hausorchesters". Se habn sich vorne, wu sist dos Pianoforte stand, naabn dan grußen Bett-Tuch higesetzt un – wie's geklingelt hatt – mit'n „Schneebarger Kniebügelmarsch" dan Klostergespenst zun Reikumme verholfen. Do hatten se noch kaa Klarenett drinne. Oder nort wur'sch duster, un de Musikanten kunnten wuhl ihre Notenblaatle saah, bluß sich gegnseitig nimmer. Dann war'sch mit enn Mol, als wär geder bluß allaane do. Un do war aah lang die Stell do, wu dr Posaunist genuppt hot, dr Bummermann söllt sei Soli machen. Oder su sehr daar aah genuppt hot. Do kam alles in dr Walt, när eber kaa Klarenettel, kaa „pfiep, pfap, pfiep"! Aah daar Runkis vun Waldhorn senn rachten Knie hot net gestärt. Net Runksen mußt's, nuppen! Wie se oder nort noch e Stückel wetter na warn, sat dr Bummermann zen Waldhorn: „Wu sei mer dä aagntlich?" wall'r egal noch dacht, nu müßt die Stell kumme, wu de Posaun nuppt. Un do derbei hatt'r die ganze Zeit de Klarenett in Maul un hot dos Blaatel waachgehalten.

Do will's doch dr Teifel, doß dan Bummermann is Niesen akimmt. Su sehr aar aah de Nosenlöcher zammzieht. Dos hatt alles nischt geholfen. Un esu wie er senn Nieserts rausreißt, esu reißt's aus dr Klarenett enn Quiekser raus, doß de Leit vun de Stühl huchgehuppt sei. Dos hatt sich oder aah gut getroffen. Dos war doch genau die Stell, wu's de Tür aufreißt un dos Gespenst huppt dan Prior na dr Gurgel.

Daar Schutenheiß sat nooch dr erschten Vürstelling ze die Mannsen vun senn Hausorchester: „Sehr schön. Die Klarinette, der Bajazzo unter den Musikinstrumentern, hebt das Ganze raus."

Do wußten se: Daar Schutenheiß hatt alles in dr Walt, när kenn Schimmer vun Musiek. Zen Bummermann oder saten se: „Saah när zu, doß de dos nort aah wieder brengst! Wenn dos Gespenst kimmt haast de of alle Tasten, emende tust de vornewag e Mol schnuppen. Mit'n Niesen mußt de oder warten, bis de dra bist, sinst machst de unner ganze Musiek zeschanden."

Un wie dr Obnd rümwar, hot dr Schutenheiß geden sei Mark gaabn. Un aah dr Bummermann krieget seine. Ne annern Tog hot'r agefange Klarenett ze larne. Un waar die Musiek e wing spöter gehört hot, dacht, die ganze Karona käm vun Konservatorium.

Üm elfe, do werd „Feier" gaabn

„Bummermann", sat gennmol dr Bürgermaaster, „is dir schu emol ewos Schiens eigefalln?"
Su eine dumme Frog! Als wenn de schinn Eiföhl när esu of dr Stroß rümhaarliegn wie de Zigarrnstumpeln, Gänsdrackle oder Pfaarsammeln? Wos sollt schu enn Dorfpolezeier Schiens nei'n Kopp kumme? Dr Bummermann mußt Spaa schleißen fern Dienstufen, un dos war sei ganz Laabn! De Bummermann-Spaa warn kaane gewähnlichn, die hätt mer unter enn ganzen Spaahaufen rausgefunden, esu akkerat warn die, doß mer när eitel denken mußt: Su eine Sünd, die Spaa nei'n Ufen ze stecken un dermiet Feier ze machen. Un zen Bürgermaaster soget'r nu endlich: „Net doß ich wüßt, ich könnt mich fei überhaupt net besinne ..."

„Rot emol, wos mir gestern in dr Obndstund ganz allaane eigefalln is?“ Un dr Bummermann dacht in senn Kopp: Dos is derwaagn aah e Wunner! Oder gesat hot'r: „Do loß mich emol roten! – Emende willst de eich noch emol ne Storch bestelln? – Falsch? – Willst de denn grußen Kuhhosenbock gegn zwee Haasinne vertranschen? – Aah falsch? – Willst de mir e Paar neie Stiefeln amassen lossen? – Aah net? – Oder willst de kaane Lügn, kaane Bürgermaasterlügn meh sogn? – Nu wüßt ich fei fer dr erscht nischt wetter.“

Ja, dos war alles net när nischt. Dos war überhaupt, dos war guttegar nischt! Dr Bürgermaaster soß of senn Laaderkannepee un hatt e gruße Fatzenlust, wall'r endlich emol ewos in senn Laabn wußt, vun dan dr Polezeier kenn blassen Schimmer hatt. Un er dacht in senn Kopp: Maul, halt dei Gusch, dan Kalmis machst de olber, doß'r of enn Saal tanzt.

„E wing krimmenellisch bist du als Polezeier überhaupt net“, esu sat nu dr Bürgermaaster. „Ich hatt emol enn Hund, dos muß e Bengalischer Wolfsspitz gewaasen sei, ‚Jesaja‘ hot daar gehaaßen. Grußer Gott, war dos e Hund! E Gespür hatt daar! Hot daar Gros gefrassen, sei aah lang de Regnwolken übern Barg wagkumme! Un hast de dan enn Knochen higelegt, geleich wußt daar, vun wellichn Flaascher daar kam. Daar hätt vergaabns rauskriegt, waar dr Voter Brummochs vun daarner Kuh war! Su ein Gespür hatt seiner Zeit mei Bengalischer Wolfsspitz! Un doderbei war dos när e Viehch un noch net emol e Polezeier, daar bluß egal senn Saabel spaziern trögt, oder dos war aabn e Prophet, e Jesaja ...!“

Dos hätt'r nu aah wieder net ze sogn brauchn, sei Brutharr, dr Bürgermaaster. Kaa Mensch sogt in Dorf, doß sei Ochs aah enn größern Kopp hot un net emol Bürgermaaster is. Un, waar hot dä meitog rauskriegt, waar ne Schullehrer de Ottergünferle nei seiner Brutbüchs geta hot, dan Hindenburgbild Senf na'n Bart geschmiert un Mannle na dr Gottsackermauer gemolt hot? Nu waar dä, hä ebber? Daar wür sich oder fei ümsaah, wu er mit seiner Prasselkommu hikumme wür, hätt'r net enn setten scharfen un gerachten Polezeiferscht unter seine Bürger!

„Mer machen e Fast, Bummermann! Halt dich fest! E Fast machen mir dohierde! Überol machen se itze Faster! Vergaabns sette Kommune, bei danne dr Hund dra'n Struhsaal hängt! Do machen mir aabn aah aans, aans, dos sich gewaschen hot! Na, un wos fer e Fast machen mir dohierde?"

„Ebber e Kindtaafetfast?"

„Schofkopp, mit Reschpekt gesat. Als wenn mir e Kind zen Taafen hätten! Mir machen kaa Wind- un kaa Kindtaaf, kaa Schul-, Buhl- un Kuhlfast, kaa Turn- un Singfast, kaa Park-, Quark-, un Kuchnfast, kaa Spitzen- un kaa Mützenfast!"

„Ebber machen mer e blinde Kindtaafet?"

„Ewos annerschter fällt dir wuhl überhaupt net ei? Ich hatt emol enn Hund, dos muß e Bengalischer Riesenspitz gewaasen sei, daar hot net när Jesaja gehaaßen, daar war aah e Jesaja, e Prophet. Su ein Gespür hatt daar. Daar hatt ne Name nooch dr Tat! In dann war e Polezeier verdorbn! – Mer machen – na mach, nu sog's schu, wos mir of dr Zung liegt – mer machen e Feierwehrfast! De hast dich net verhärt: e Feierspritzenfast! – Vürmittig werd ‚Feier' gaabn un gespritzt . . ."

„Un noochmittig werd gezischt!" schrier mit enn Mol dr Bummermann echeleganz, daar schu bei seiner blinden Kindtaafet andauernd dra dos Fassel Freibier denken mußt.

Un esu war beschlossen, wos beschlossen waarn mußt.

Daar Sunntig war oder aah fer e Feierwehrfast wie geschaffen. Wenn mer'sch schu emol brenne läßt, nort muß aah is Watter passen. Wie's gennmol bei dr Georgi-Hulda gebrannt hot, Gottfriedstrammbach, noch emol, war dos e Watterle! Kaa Mensch net derhaam, e klaa Lüftel, aabn e richtigs Ubnnausmach-Watter! Bluß ebber net regne, dos kunnt is schennste Brenn-Watter versaue. Is beste Beispiel war ben üntern Unger. Eh dos esu richtig ubnnausmachet, war aah lang de Feierspritz insoot. Dos war net racht vun die Feierwehrleit, dan Unger esu azeschmiern. Nu muß'r wetter in dan alten Nast wuhne. Net emol enn richtign Kaller hot'r drinne. Ja, un vun wos kimmt dos? Dos kimmt derva, wenn zun Brenne kaa richtig Watter herrscht. Seit daarner Zeit grüßt dr üntere Unger kenn Feierwehrma meh un kaaft sei Zeig of Schwarzenbarg. Wenn aah! Richtig Brenn-Watter muß sei! Do beißt de Maus kenn Foden wag!

Vürmittig üm elfe sollt „geheimer Alarm" gaabn waarn. Dos gang net ehnder, wall dr Bezirksfeierhauptma erscht mit'n Halb-Elfe-Zug kam, un daar sollt doch bei daarner ganzen Brennerei un Rennerei derbeisei. Brenne sollt's ben Schulturnplatz, do war Wasser insoot, mer brauchet net viel Schlauch, un fer dr Feierspritz war aah kaa Barg derzwischen. Se hatten doch bluß vierzig Meter Schlauch. Daar annere war durchlöchert wie e Sieb. Kam do Wasser durch, hot's nooch alle Seiten gespritzt, doß mer denken kunnt, dos wär dos Wasserspiel vun Sanssouci. När vorne, wu's aagntlich spritzen sollt, do kam nischt raus.

Bei dan Schulturnplatz hatten se lang fer de Gäst e Tribünel aufgebaut un e Girlandel drümrüm gemacht aus Fichtenreisig mit enn Sprüchel dra: „Ehrt wer wehrt!" Hatt net lang wieder su e Saugung mit blauer Kreid draufgemolt: „Wer gut schmeert, daar gut fährt!"

Vun neine wag sohch mer bluß noch Feierwehrleit in Dorf rümlaafen. Vergaabns de passiven Mitglieder, die sist när ben Sauschlachten un Stiftingsfast derbei warn, habn geta, als wärn se miet dra dr Spritz, Pump, wärn Schlauchleger oder Schlauchhalter. Dr Bürgermaaster bracht sei Feierwehruneform net ganz zamm. Un esu hatt'r statt enn Feierwehrhelm de Sängermütz of'n Kopp. Un is hätt emende gar net esu putzig ausgesaah, wär er uhne Guttentagstacken ze daarner Übing kumme.

Dos mußt nu aah dan Bezirksfeierhauptma aufgefalln sei, doß in dan Nast e geder enn Feierwehrkittel ahatt. Un esu fröget'r dan Bürgermaaster, wie dos auszelegn wär. Nu war oder mei Tog dr Bürgermaaster zwar stark in Trinken, bluß net in Widerpart gaabn. Oder esu, wie mitten in enn Wintertog gaahling de Sunn e Mugaatel gucken ka, esu war dos bei dan aah. Un wall'r aah noch Vürstieher vun „Verei dr Voterlandstreie Sachsen" war, drüm machet'r e Honneur un sat, wie dos emende när noch dr alte Ludendorff salberscht hätt sogn könne: „Unter geden deitschen Vürhemmel schlögt e Feierwehrherz!" – Dodermiet mußt sich nu aah daar vun Bezirk zefrieden gaabn, wenn'r aah net rausfinden kunnt, wie daar Kram zammhänge sollt.

Wie de huche Fastkummissiu of dan Podastel stand, hätt is Feier ubnnausmachen könne, doß mer'sch bis nooch Amerika sohch. Denn die zwee Vollgummiraaf vun Bierschneider senn Laster, die mochten schu ewos haarmachen. Oder die Sach hatt seine Mais: Dr Tampel-Wien sollt aus'n Türmel vun dr Schul raus dan Alarm ausliesen. Dos sollt dr Koch-Helm härn un mit dr Trompet dan Dorf no blosen, nort dr Schlußen-Hard un dr Graupen-Bauch un naufzu dr Mückenfett.

Oder wie dr Tampel-Wien blosen will, kimmt aus daarner Trompet nischt raus, net emol „Quiek“. Un wie er nu mit'n Schnappmasser in daarner Trompet drinnerümrudert, markt'r, doß ne seine Enkelkinner e ganze Tüt Liebesperle neigeschütt hatten: rute, grüne, weiße, gaahle un blaue. Un die hatten sich durch daarner Neibloserei esu festgemacht, doß kaans vürzu un kaans rückzu gang. Dr Wien oder war allmeitog waagn senn starken Wind bekannt. Un esu ist dos ganze schiene Feiersignal in lauter Liebesperle derstickt.

Su sehr nu aah dr Tampel-Wien roschreit, sei Trompet gäng net, do drauf hot kaans gehärt. Wu gob's dä su wos! Blosen mußt's un net schreie. Daar Koch-Helm hot mit gunge Hünd in Garten rümgeolbert un überhaupt net rüra geta. Ne Tampel-Wien gang's durch Mark un Pfeng. Mer ka's doch net brenne lossen, wenn de Trompet versogt.

Do hatt dr Wien enn grußmachtign Eifohl. Dos war bei dan salten, mocht oder mit dodra liegn, doß'r ne Dorf of'n Kopp saah kunnt wie dr liebe Gott dr grußen weiten Walt. Er laahnet sich ganz weit aus'n Türmel raus, gerode dorten nüber, wu dr Helm senn Hünden beibracht, enn Feierwehrhelm of'n Hintertaal rümhaarzetrogn. Un do schreit dr Wien aah schu: „Täteretä! – Täteretää! – Täteretää!“

Die Hünd dos Schreie härn un enn Gauchzersch rausreißen, dos war aans. Dr Helm oder machet enn Huppersch, als hätt ne ewos gestochen. Grußer Schrack, esu garschtig hatt schu lang kaans of'r Trompet geblosen. Drubn hing dr Tampel-Wien ball bis zer Dachrinn ro un schreit in ennfort: „Täteretää – Täteretää!“ Un derbei hält'r sich de Trompet vorne na, doß mer denken kunnt, dos „Täteretää“ käm aus'r raus!

Dr Helm denkt, dos ka doch när e neie Ordere sei! Mer ka doch aah net alles wissen. Grußer Schrack, mer müßt doch sist enn Kopp drahobn, gruß un rund wie e Malkschaffel! Un esu rennt'r, wos hast de, wos kast de, vorne naus of dr Stroß un schreit in ennefort is Dorf no „Täteretää! – Täteretää!“ Doderbei macht er'sch genau esu wie dr Tampel-Wien un hält de Trompet vornena. Un esu macht's dr Graupen-Bauch un dr Schlußen-Hard nozu un dr Mückenfett ne Dorf naufzu.

Nu blebbt ja su e Alarm net ebber unter de Spritzenleit! De Kinner, die dos „Täteretää-Geschrei“ härn, denken, wos die könne, dos könne mir schu lang un noch viel besser, un schreie feste miet. Oder wenn dos esu ihre vierezwanzig, sechsezwanzig un meh Kinner machen, wos werd dä do? Is Viehch fängt a, dra dr Keet ze ruppen un ze klappern, de Binne ze schwärme, de Hanne de Hühner ze beschlogn un de Hünd ze Winseln. Un die drüberhubn ihr Wuhning habn, waagn dan Spektakel a ze spuken un ze speie. Un esu kam dos ganze Nast nei enn Aufruhr.

Oder dos war nu dan Bezirksfeierhauptma außern Spaß. Alles machet „Täteretää! – Wau, wau! – Kikerikie!" un „Hältst de dei Gusch, ich kumm geleich nunter." Un schu rückt de Feierspritz aus. Zun Bummermann, daar dan Brandhaard gegn Ubefugte ozesparrn hatt, sogt'r: „Warum blöst man denn nich richtig?" Nu stand daar gescheite Bürgermaaster dernaabn un hätt Beschaad tu könne. Oder danmol kam kaa Sunnestraahle durch dan senn graae Winterhimmel. När noch dusterer is worn, un dos an enn hallichten Summer-Sunntig-Vürmittig gegen halb zwölfe.

Do haant dr Bummermann de Stiefeln anenanner, doß mer denken mußt, nu hätt aans e Kanu ogeschossen, ruppt de Hand na dr Polezeiermütz un schreit wie e uzeitig Kalb: „Mit Reschpekt gesat: Wall das auch nich richtig brennt!"

Dos hot dan Bezirksfeierhauptma machtig impeniert. Un wall aah sist nischt faahlgang bei daarner grußen Brandübing mit zwee Spritzen un achtezwanzig Mann, de Passiven miet eibegriffen, hot de Feierwehr is „Ehrendiplum mit'n blaue Rannel" II. Klasse kriegt. Un wie se's Obnd habn schwimme lossen, saten bei de Tanzpausen de Leit: „Ja, unner Polezeier Bummermann . . .", wos haaßen sollt: „Wos werd bluß emol über unner Kommu reibrachen, wenn's dan nimmer gaabn werd . . ." Un wall'r gar net meh vun dan Schanktisch wagkam, hatt'r ball e Pudelmütz gefrassen, die bis nauf zen Himmel langet.

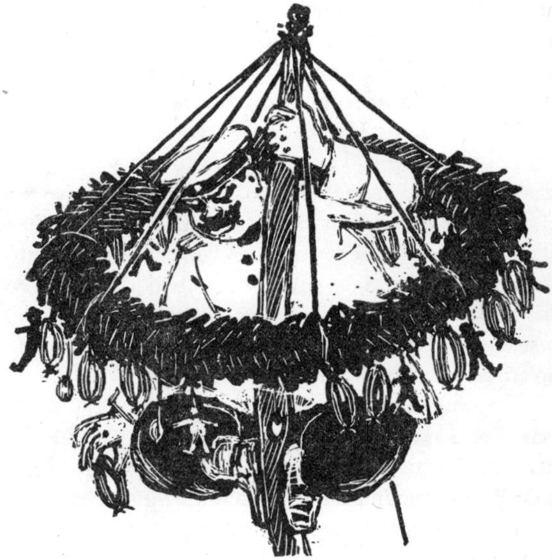

Feierspritzenfast of Kuttergrü

Wie se gennmol dos grußmachtige Feierwehrspritzenfast hatten, habn se sich net lumpen lossen un aah e Fastwies gemacht. Überol machen se Faster. Un wu Faster sei, is aah e Fastwies: E Fassel billig Bier hinter enn Tisch, Limenade, grüne un rute, ganz wie mer'sch wollt, e Bud mit Fischel un Sammel, aane mit Wasserbraazen, hart, doß in de Zäh geknirschelt hot, un fer dr bessern Kundschaft aah e Bud mit Werschtle un mit Schinkensammeln.
An mehrschten gange Fischel un Sammel. Die warn noch emol nei dr Brüh getutscht un saftig wie e Luisenbirr. Un doderbei war die Sach noch net emol teier. Wenn mer dos Treibn esu sohch, kunnt mer gerodwag denken, es wär e Haarigschiff aus Tschutschehula agelandt.
Aah Vugeloschießen, Sackhuppen un Toppschlogn kunnten de Kinner. Bei daarer Gad warn de grußen Leit olberer als de Kinner. Se wollten doch, doß ihr Enkele, ihr Gung oder Maadel, ganz vornedra war! Is schennste oder war de Klatterstang. Dos war e

schiene gerode Darbstang aus'n Forscht un ebber ihrer acht bis zaah Meter lang. Drüberwag war e Kranz aus Fichtenreisig gesteckt, daar hing ringsrüm voller Werschtle, Stundennutscher un Zuckermannle. Dan kunnt mer mit enn Strick, daar ubn dra dr Spitz über e Roll waggang, nauf- un runterlossen, wie mer'sch aabn gerod esu hobn wollt.

De Gunge habn sich ball enn Schoden geta, daarner Stang naufzeklattern, un hatten derbei rute Köpp dra wie do emende de Feierwehrspritz salberscht. Warn se bei dan Kranzel na un wollten zugreifen, waar töt dos net gern, wenn enn dr Gelangel in de Glieder un de Worscht mit ihrn guten Duft vür dr Nos hängt, zug daar Flaascher dra dan Strick, un „Schwupp!", do war fer die Gunge die schiene Pracht wieder auf un derva!

Dos Strickzieh war dan Flaascher sei ganz Laabn. Er hätt sich alles aus dr Hand namme lossen, när dos net! De Warschtle hatt daar extra doderfür gespendiert, när domit'r dan Strick zieh kunnt! Un sei gruße Lust derbei war, se dan Gungene vür dr Nos wagzeschnappen. Dos war fern Flaascher wie e Stiergefacht, dos'r gennmol in dan Kintopp gesaah hatt. Mannichsmol ruffet'r: „Oleh!" Dodrüber kunnten sich de Leit net soot wunnern. „Oleh?" Su ein Zeig! Ob dos e neie Worschtsorte is?

Dan Leiten hot dos alle Walle e rachte Lust gemacht. Wie oder nu gar kaa Gung emol Gelück hatt un ze enn setten Happen kumme kunnt, habn se gebischbert: „Daar Pulmis vun enn Flaascher frißt aah an libbsten sei Worscht ganz allaane. Ümesist sieht mer net aus wie in neinten Monat un kriegt e sett rutes Spackgenick." Un laut gesat habn se: „Dra'n Strickel zieh un dan arme Kinnern de Worscht wagschnappen, meh kast de wuhl aah net?" Oder daar Pulmis vun enn Flaascher sat: „Nischt gibbt's. Waar net bis dreiviertel naufkimmt, ma Sauerlump frassen oder Maiblumestöck! Doderfür is mer mei War ze schod!"

Un do haaßet's aah schu: Ebber wär die Stang mit Schmiersaaf eigeriebn, mit Bohnerwachs oder Baamöl un hätt daaretwaagn kenn Griff. Ja, dos wär überhaupt kaa Klatterstang. När e rachter grußer Schofkopp könnt enn setten Pflock vun aaner Stang aussuchen. Als wenn daar schiene gruße Wald när sette Kriepeln hätt!

Dos hot'n Polezeier Bummermann daamisch gewurm. Rammelt när emol stundenlang durch de Stauden un sucht nooch'r Klatterstang, wie eich do de Luft ausgieht, un vun lauter Naufwartssaah werd enn ganz törmlich. Un itze tunne de Leit, als wär dos alles wetter nischt. Su kam dan Polezeier nei senn Kopp: Dos is net racht! Daar gruße Hund spielt mit de klenn, un die dumme Leit gubeln daarer Kaffatenmacherei aah noch zu. Waar sich dos gefalln läßt, möcht e rachts Pfaarnast sei!

Do hot dr Bummermann is Seitengewaff ogeschnallt un daarer Fischlefraa ofs Braat gehaant: „Do, paß emol ganz sehr auf!" Nort hot'r nei de Händ gespeit. Un ze die Gunge sat'r: „Ihr Lauser, ihr!" Un schu hatt'r enn Floch na daarner Stang gemacht. Wie e Frosch, esu hot'r de Baa eigeknickt, oder wie er'sche langstrecket, do war er aah lang wenigstens enn halbn bis dreiviertel Meter höcher gerutscht.

Gaahling is ne Flaascher angst worn üm seine Werschtle, un er hot fest dra dan Strick gezugn, doß daar Kranz när esu dan Stangel noochenanner nauf machet. Dr Bummermann war lang über daarner Stell wag, wu de mehsten Gunge schlapp gemacht habn un wieder ümgekehrt sei. Doch dr Polezeier is Stückel fer Stückel naufzu gestiegn, doß mer Angst hobn mußt, er stußet na'n Himmel un hulet sich e uverschaamt Horn. Un die enn Leit habn gezittert wie Espenlaab, wall se andauernd denken mußten: „Wann werd dä die Stang obrachen un werd's dan guten Bummermann daare Fischlefraa nei Bud un Fischlegeläser haane". Die annern habn dos bewunnert un saten andauernd när: „Uje . . .", wos haaßen sollt: „Flaascher, deine Werschtle könne enn när dauern."

Un wie dr Polezeier ganz ubn war, ruffet'r ro: „Ich wür wetterklattern, oder dohierde is de Stang alle." Sei Kopp stok in dan Kranz drinne mit die Werschtle, Nutscher un Zuckermannle, un vun drunten sohch dos aus, als hätt'r e Gunfernkranzel of'n Kopp, ebber wie die sechsecket'n Bilder mit dan Elfenreign, dan manniche Leit in ihrer Schlofstub über de Betten hänge habn. Su e Bildel is net schlacht, wenn när die goldene Rahme e wing billiger wärn! „Bluß die feine Aussicht vun dohierde! Is Völkerschlachtdenkmol! Is Altenbarger Schloß! De Halsbrücker Ess!" Doderbei hot'r de Werschtle rogepflockt wie gute Äppeln oder Schwanzbirn. Un mit „Fang auf!" schmeißet'r enn setten Gung nooch'n annern e sette Worscht nei de Händ. Die Kinner habn „Gloria!" gesunge un „Huch laab daar starke Bummermann!", habn enn Luftsprung gemacht un sei dervagerennt, wall se dachten, es könnte ne ebber aans dos Warschtel wieder wagnamme. Na, un doß dr

Polezeier kaane Nutscher pflockt oder Zuckermannle, dos ka mer sich doch lebhaft ausmoln.

Ne Flaascher sei Fraa schrier: „Ma, zieh höcher, daar tärete Hund frißt uns de ganze Worscht nazamm!"

„Zieh du emol höcher, wenn de net kast!" schrier daar retour, un er hatt dan Strick esu fest agezugn, doß mer gerodwag denken kunnt, de Stang biegt's krumm. „Bi när gut! Dos sei die, wu mer esu viel Bauchflaasch neigemacht habn!" Oder aah dos hot bei dr Flaaschern net gezugn. „Do sei net emol Gunge vun unnerer Kundschaft derbei!" De Leit oder warn echeleganz un habn nauf zen Bummermann gegubelt: „När zu, när zu! Dos trifft kenn Arme! De Worscht werd aah fer uns gemacht!" un lauter sette aufwieglerisches Zeig!

Un wie dr Bummermann die Klattergunge allezamm versorgt hatt, is'r ganz sachte daarner Klatterstang noochenanner rogerutscht un hot sich vun dan Kinnern un Leiten wie e grußmachtiger Held un Staatsgenieß feiern lossen. Dernooch hot'r de Spaanle vun seiner Polezeiergack gezuppt un is Seitengewaff wieder ümgeta. Un wie dr Flaascher dan Kranz wieder voller Warschtle gehängt hatt, is dr Polezeier vödergetraaten.

Vun do wag warn die Gunge wie versassen. Kaaner wollt sich lumpen un vun dan Polezeier übertraffen lossen. Un nu sei se allezamm bis ganz ubn nauf kumme. Su sehr aah dr Flaascher schrier: „Nammt när aah emol e Zuckermannel miet!" Dos hot überhaupt nischt genutzt. Waar de Wahl hot, hot de Qual, dos sogt mer esu hi. Die Gunge hatten kaa Qual. Die dachten wie die Leit, die rümhaartroten: „De Worscht, die werd doch aah fer uns gemacht!", habn ihrn Gelangel gestillt un sich e Gitt geta!

Dr Bummermann un seine Battelleit

Fachtbrüder sei Battelleit, un Battelleit, die mog kaans. Gibbt mer danne nischt, ginne se net wieder, un gibbt mer ne wos, nort kumme se wieder. Hatt sich oder emol e setter nischtnützinger Fachtbruder nei's Dorf gestuhln, do haaßet's geleich: „Verfluchte Uart! Zewos habn mir dä aagntlich enn Polezeier, enn Bummermann, in unnern Dorf!"

När aa setter Battelma hatt all mei Tog, un dos schu e Menschengedenken, senn freie Laaf. Daar gang mit Gott un Gnad durch'n Dorf, un kaaner hätt an ne e Utaatele gemocht, kaa klaans, un schu gar net e gruß! Dan Dingerich gang's wie dr Schmidt-Rosa ihrer Wärmkatz, dan gezschiebelt graae Koter. Daar Dingerich hatt aah de Narrnfreiheit of Aarb gepacht.

War daar Dingerich esu durch'n Dorf gelaunelt, war aah dr Obnd miet ra. Un nort trot'r ben Bummermann, dacht in senn Kopp: „Nu hoffentlich is daar Polezeiferscht aah derhaam!" Un machet daar de Tür auf, sat'r aah schu: „Do bi ich. Mach's fei genaadig un sparr mich ei!"

Do hatt allemol dr Bummermann sei Busset, sei grußmachtige Staats- un Kirchnbusset. Denn do stand ewu geschriebn: „Wer ohne Genehmigung bettelnd im Dorf angetroffen wird, ist festzunehmen und wenigstens 12 Stunden zu arretieren." Waar dos ausgeheckt hatt, dos war schu e rachter Kalmis oder salberscht e setter

Battelma. Dos warn dann gedsmol ne Bummermann seine Gedanken.
Un esu mußt ne dr Bummermann ofühern, nei's Feierspritzenhaus stecken un aah noch ze Obnd is Assen ratrogn. Un log kaa neiwaschen Koppkissen of'n Struhsook, sat daar Dingerich aah noch, als müßt dos esu sei: „Nu hä ebber, wie habn mer'sch dä?"
Daar Fachtbruder hot sich dos gefalln lossen. Daar hot sich higestreckt un ne liebn Gott enn frumme Ma sei lossen. Un hot'n dr Bummermann ne annern Morgn na dr Luft gesetzt, do sat daar bluß: „Un aah schinn Dank. Is Assen war fei gennmol besser! Ich dächt, do wär meh Fett of daarner Bemm gewaasen. Annermol könnt mer dei Fraa e paar Klitscher machen, die ass ich esu schauderhaft gern. Wenn nischt dreinei kimmt, in vierzn Togn emende wieder." Nort hot'r senn Hut reigezugn un is vödergetraaten. Dr Bummermann trot ben Spritzenhaus un dacht in senn Kopp: „Wu werd dos Ugelück heit ze Obnd eifalln, ebber bei dein Kolleg Pumpissook, Graupenbauch oder bei dan scharfen Hund of Kuttersook?"
Su gang dos seine Zeiten hi un aah seine Gäng. Oder do gob's an enn schinn Summersunnobndvürmittig e racht gruß Staatsmallär! Do hatt sich doch, mir nischt, dir nischt, su e fremmer haargeloffener Batteldingerich drüber gemacht un dos ganze Dorf ogeklappert. Un dos war aah noch e ganz Genauer. Daar hatt ein Gespür! Dan is kaa Türle verborgn gebliebn! Un eh dos mei schiener Bummermann gewahr werd, is daar gerod derbei, ben Bürgermaaster sei Vaarschel rozebaaten. Dos war eich fei e biese Sach! Un wenn mer su wos härt, do ka mer denken, dr ganze Himmel bricht nazamm! Su wos durft net sei! Un geleich haaßet's ben Bürgermaaster, un daar war schließlich ne Polezeier sei Brutharr: „Bummermann, wos sei mer dos fer Sachen! Schaff mer dan Kerl aus de Aagne! Namm ne fest un breng ne nooch Schwarzenbarg! Dr Woch zwee Fachtbrüder, enn setten Luxus könne se emende of Annebarg, Scheibn-, Kirch- oder Kuchnbarg betreibn. Mir net. Dos kimmt uns heitzetog ze teier. Üm dan Dingerich do mog sich när dr Fiskus kümmern."
Do mußt halt mei schiener Bummermann dan Fachtbruder festnamme un zen Fiskus nooch Schwarzenbarg schaffen. Doderfür hatt dr Polezeier kaa Schuhwark un kaa Maaning. Laaf när emol die Streck mit e Paar sette niedergekuffte Polezeidienerstiefeln!

Un nort noch mit enn Arretierten! Dos is, als wenn de enn Handwogn enn Barg naufzisst. Su e Dingerich hot zwar kaane Pfeng in dr Tasch oder schauderhaft viel Zeit in de Baa.

„Pfaarnast, grußmachtigs! Wie kast de dich bluß esu daamisch astelln un kast dich vun mir derwischen lossen! Dos is mir überhaupt noch kaamol passiert! Sieht mer su e Polezeierhus, macht mer sich geschwind aus'n Staab! Un ze enn Bürgermaaster gieht mer überhaupt net hi, net emol batteln! Dan läßt mer links liegn wie enn, daar Grindle of'n Kopp hot. Naa, oder du, du grußmachtigs Potschof, wos machst du, du läßt dich aah noch derbei derwischen!"

Esu gang dos alle Walle, un wenn's paßt, gar bis nei of Schwarzenbarg, hätt'n daar Battelma net agefange ze dauern. Daar war of de Füß net weit haar. Un aah sist hot'r geguckt wie e klaaner Kuhhos. Un waar waß dos net: Nischt ka enn Kuhhosengokel meh aus dr Fassing brenge, als wenn mer wie e klaa Haasel, ebber wie e Belgischer Ries, e graaer Widder oder e klaaner Gaahlsilber gucken tut.

„Faahlt dir ewos?" sat dr Bummermann ze senn Fachtbruder. „Du sprahzt mer de Füß racht weit derva." Un do sat aah schu daar Gust vun Battelma: „Ich hob enn uverschaamten Hunger. Mir hängt mei wing Mogn bis no zer grußen Fußzeh."

„Gottfriedstrammbach noch emol", dacht dr Bummermann bei siech, „aah du hast fei enn Baarnhunger." Un zun Battelma sat'r: „Mir könne net eikehrn. Ich hob kenn verlausten Pfeng in dr Tasch. Un aah sist gäng alles in dr Walt, när dos net! Dos wär gegn dr ‚Dienstvürschrift fer de niedern Polezeibeamten vun aanedressigsten Marz neinznhunnertachtezwanzig'. Doch wos sog ich: Vun dan Zeig hast du kenn Dunst noch Schimmer. Wos waß su e Kopp, wie du aaner bist, vun dr huchn Poletik!"

„Wenn ich när kenn setten Hunger hätt", sat nu wieder daar Battelma. Un wie se wieder e Stückel geloffen warn: „Ich wüßt schu ewos. Herr Polezei, mach, tu mer halfen!" Un dr Bummermann dacht: „Wenn daar när net eitel esu wie e Kuhhos gucken tät!"

„Mach, lossen Se mich geschwind dos Dorf oklappern! Se könne mich doch drunten bei daarner grußen Lind wieder eifange un oführn!" Un dr Bummermann dacht in senn Kopp: „E Mensch, daar wie e Kuhhos guckt, daar ka gar kaa Luderei machen. Daar läft fort, un daar kimmt aah wieder, un du könntst derwalle in Wirtshaus geschwind enn rachten guten Schiebböcker assen."

Do hot dr Bummermann de Dienstvürschrift e Dienstvürschrift sei lossen, of sei Uhr gesaah un zu dan Battelma gesat: „Traanel mir net rüm, halt dich razamm! Ich will heit Obnd noch boden! Sogn mer – üm viere drunten bei daarer grußen Lind!" Un dodermiet hatt er senn Battelma of Raas geschickt.

Oder mit dan Schiebböcker, do hatt dos seine Mais. Denn wie'r na's Wirtshaus kam, war de Haustür zu. Un wie er e Walle gekloppt hatt, gang geleich gegnüber e Fanster auf un e Weibsen ruffet in ennwag raus: „Herrje, e Polezeier! – Bei danne is fei niemand derhaam! Die sei vornst naus in weiten Hei!"

Do hätt dr Polezeier Bummermann e Löb waarn könne, e sette Wut hatt'r fei schu lang net gehatt. Oder wenn er'sch aah worn wär, dos hätt ne überhaupt nischt genutzt. Un esu is'r durch dan Nast getraanelt un hot mit senn Polezeierverstand Inspektiu gehalten, als käm'r vun dan Landesfeierwehrverband, scharf un geracht! Un dos war all mei Tog de Hauptsach bei aaner richtign Inspektiu amtlicherweis!

Bei dr grußen Lind hot sich dr Bummermann nei's Gros gehaant. Un wall's esu schie ruhig war un aah esu schie warm, hatt's ne ball e wing de Gedanken genumme. Un dos mog esu alle Walle gewaasen sei.

Do hot ne aans dra'n Arm gezuppt. Un wie dr Polezeier aus senn Natzerle derweckt is, soß daar Fachtbruder naabn ne. „Se habn e ganz schie Braat zermetert, Harr Polezei!" sat'r. Un wie sich dr Bummermann senn Schlof aus de Aagn gewischt hatt: „De werscht gewieß aah enn Hunger hobn, Harr Polezei, dos waß mer doch!" Un do bracht aah schu daar Dingerich sechs neibackene Sammeln aus dr Husentasch un e klaane schwarze Worscht. „Dos hob ich extra fer Sie mietgebracht, Harr Polezei. Aa Gefalln is ne annern waart!"

Dos hätt oder daar Galaunehund net machen sölln. Esu darb hot's dan guten Bummermann fei lang net rümhaargeschüttelt. Un er dacht när egal bei siech: „Un wär dr Manden e Butterkuchn, net nageschnieten werd!" Oder wie dos mannichsmol esu is, do hatt'r aah lang zugegriffen un hot sich Worscht un Sammeln schmekken lossen wie fei lang net meh. Un daar Battelma hot sich gefreit un in enn fort när eitel geruff̃t: „Galle, die Sammeln sei wos Guts!

Frög enn Battelma, un daar werd dir sogn, waar in geden Nast de besten Sammeln macht."

Un wie dr Polezeier dan Barg Assen nazammgeschruten hatt, sat dr Battelma: „Harr Polezei, de kast derwaagn aah e ganz schie Füderle vertrogn. Gott behüt dich un dein Appetit."

Wie se wieder e ganz Stück geloffen warn, sat dr Bummermann ze senn Fachtbruder: „Dos war fei nobel vun dir, dos mit daarner Worscht un dan Sammeln. Nu derfst de aah ‚du' ze mir sogn. Ich haaß Bummermann!" Un net maulfaul sat geleich gener: „Un iech, iech haaß Max vun Schöneck! Aah du kast ‚du' ze mir sogn!"

Do is dr Bummermann derschrocken un hot klaalaut gefrögt: „Wos? du bist vun Adel?" Er dacht derbei an'r Geschicht, die er dieletzt in dr „Gartenlaube" gelaasen hatt. Dorten is aah e Baru seiner Libbsten waagn e Battler worn. Oder do sat daar Battelma drauf: „Net vun Adel, vun Schöneck daun!" Do hot'n dr Bummermann ben Kopp genumme un hot'n ogedruckt, gerod als hätt'r is gruße Lus gezugn, un er ruffet: „Vun Schöneck! Vun Schöneck! Dorten haar hatt ich emol e Gunfer! Wie klaa doch när de Walt is!"

Es ka net geder rümstaarbn, wie er lustig is

„Bummermann", sat genn Mol dr Bürgermaaster, „e grußes Herzelaad hot uns befalln. Dr Dorf- un Mietgenieß Mühln-Os is verblichen! Wos sei dos när fer Zeiten! De Leit starbn wag wie de Fliegn, un mir, mir habn de Schererei!" Do hot sich dr Bummermann ben Ufen higesetzt un hot seine Fußlappen frisch gewickelt. „Net dos ich wüßt", sat'r, hot die Wollflack rüm- un nümgelegt un is nort draufgetraaten, als müßt'r erscht ausprobiern, ob se aah dan Fuß ze Gesicht stinne.
„Ich gelaab geleich, de willst ne Mühln-Osser net kenne, dos Staats- un Prachtmannel aus dr Hintern Gass?" Dr Bummermann hatt seine Stiefeln vollterscht na, stecket de Schluppen wag, huppet huch un schrier: „Hatt ich racht gehärt? Mühln-Osser hattst de gesat? Ich gelaab geleich. Nuhä ebber, waar werd dä dan net kenne? Dan gang's aah wie enn Hammerschmied, daar kam vun dr Walt

un wußt net wie. Dei Polezeier kennt alles in Dorf, un wenn de willst, sortiert daar dir de Kallerschof nooch Mannle un nooch Weible!"

Do wußt dr Bürgermaaster nu ganz gewieß: Er hatt in seiner Gegnwart is größte Pfaarnast aller Zeiten. Daar schiene Bummermann war wieder emol e schiener Dummermann. Daar hatt alles in dr Walt, när kenn Schimmer vun dan Mühln-Os. Un wie er nu de Backen aufblöst, doß mer hätt zwee Klippelsöök draus machen könne, de Brust rausperzt un sich esu of senn Stuhl hisetzt, als langet net aa, als langet'n net emol zwee Stühl zu, do is dr Bummermann echeleganz, un er schreit wie e uzeitig Kalb in dr Winternacht: „Bürgermaaster, haan mich of de Füß, of'n Bauch, of'n Kopp! Zweemol haan mich! Bürgermaaster, mach aus mer Schliersaaf oder Schmiersaaf oder sog fei, doß dos e Lüg is, e grußmachtige Bürgermaasterlüg! Mach, sog's! Daar Fraß- un Flaaschsook Mühln-Os is gestorbn! Daar will e Deitschnationaler sei! Pfui Teifel noch emol! Es ka doch net geder dorümstarbn, wie er will. Wu kumme mir dä do hi! Mach, Bürgermaaster, sog, doß'r noch labbt! Su wos läßt net emol dr Bürgermaaster vun Brummochsenbach zu! Zwee Zantner zaahne Tara derfen itze net verenden! Mir habn doch kaane Traager net!"

„Ich ka bluß dienstlicherseits drauf sogn: Mach kaa Theater net, du alter Dorf- un Stroßenferscht. Bummermann, schaff Traager ra. Namm'ere oder zewenst ihre achte! Oder ebber fei kaane setten ve hungerten Hanseln! Do halfen kaane Stacklegusten, Weiberlarven oder ebber gar Laahmhusen. Do müssen Rumpissen haar. Wenn die Luft huln, muß in de Baamer rauschen, un wu die hitraaten, müssen de Gartenpfartle klappern!"

Gerachter Struhsook! Wie lecht sogt sich esu e Satz dohaar! Die haaße Sunne, daar olbere Waag un daar doppelt gruße Mühlnstaa, daar! In Winter, wenn de Meirer nischt ze tu habn un de Baierle of anner Watter warten, do hätt sich wenn's paßt daar aane oder annere belatschen lossen un wär emende miet ragetraaten. Trogt när emol zwee Zantner zaahne! Wie's enn do de Achseln niederknärt, un wie dos in de Kniescheibn knirschelt! Naa, in Summer werd sich do net esu lecht aaner drauf verstieh.

Su hatt dr Bummermann wieder emol, wie esu oft in senn Laabn, sei grußmachtige Staats- un Fatzenbusset un is lusgezugn, de Traager fer daarer Zwee-Zantner-Zaahne-Leich ze finden.

„Gulius, trog's mit Fassing, eier Zuchtfreind Mühln-Osser is verendt!" Esu sat'r ze enn vun Hühnerverei. „Sog net Zuchtfreind! Daar un Zucht! Ich quiek Feier! Dos war schu e Zucht, die daar gemacht hot. Leghorn un Rutelänner! Pfui Teifel! Verendt ka mer aah sogn. Ich wür sogn: tutgefrassen!" Do war wuhl nischt ze machen. Daar Mensch kam esu nei dr Rahsche, doß ne de Schlöfenodern ageschwolln sei wie e Paar Brühwerschtle. Do hot dr Bummermann e Flemm gezugn un is vödergetraaten.
„Wos, daar Flaaschkluß will aah noch getrogn sei? Do bi ich mer ze gut derfür!" Un wie dr Bummermann is Gartentürle nahaant, rufft daar aah noch enooch: „Daar trögt mich doch aah net!"
Wieder bei enn annern gatert de Fraa dreinei un schreit aus dr Stub raus: „Ma, daar ma salberscht saah, wie er nei dr Aard kimmt. Du gisst net miet. Daar Mühln-Osser is dernooch un macht sich eirethalbn aah noch extra schwaar!"
„Brückner-Wien, Sauluder, mit Reschpekt gesat, mach, un half du mer. Dr Mühln-Os is gestorbn. Mach, trog dos Mannel miet!" Dr Wien frögt e wing nooch dan un genn, un dos sohch fei gar esu aus, als könnt'r sich of daarner Sach verstieh. „Wos zieht mer dä do in daarner Bullnhitz geleich a?" Un dr Bummermann sat: „Die annern wissen's aah noch net." Dos hätt'r oder fei net sogn sölln. Geleich maant dr Wien: „Nu sog, waar sei dä danmol unnere Mietgevattern? Bluß ebber kaa klaa Gelaus. Do liegt mer'sch ze stark auf. Nischt is, wenn mer klaa is, oder wenn mer gruß is, dos is geleich guttegar nischt. Nu sog, waar sei dä die annern?" Do sat dr Bummermann drauf: „Die richten sich ganz nooch dir!" Oder daar wollt partout wissen, waar'sche sei. „Du bist dr aanzige!"
Mer hätt denken könne, ne Brückner-Wien hot e Wasp nei'n Oderbaa gestochen, esu huppet'r vun senn Dengelstöckel in derhöh, doß dr Bummermann när machen mußt, doß er ne aus de Aagne kam.
Wie dr Obnd rawar, hätt sich dr Polezeier in senn Herzelaad dersaafen könne. Mer traut sich's gar net laut ze sogn: Enn aanzign hatt dr Bummermann aufgegabelt, un daar war aah noch e Zehtscher, e schwach Vögele, mit e paar Ärmle un Baanle, nu, emende net stärker als wie e Gartenzaugnstacken. Un gerod dan war Leich-Trogn sei ganzes Laabn! Esu viel kunnten gar net starbn, wie daar gern getrogn hätt!
„Bruder Günther-Wan, trog's mit Fassing: Mir zwee Handsching

sei de aanzign! Mir brenge doch dan Kolosser net vöder. Ehnder huppt e Frosch in Maahltopp nei, als doß de enn finden tust, daar emol miet trögt. Un mer möcht sich när eitel die Frog vürlegn: Waar hot uns bluß dos gruße Herzelaad esu eigebrockt? Kunnt daar Kolosser net annermol starbn. Oder daar war meitog e Ausbund. Vergaabns in Tud ka daar dos net verlaageln!"
Do hot dr Günther-Wan aufgehärt, senn Seperater ze drehe: „Bruder Bummermann", sat'r, „Zuchtbruder Bummermann! Wos soll dä sei! Daar Verblichene muß nei daarer Aard!" Un dr Bummermann hot när eitel genuppt un gesat: „Daar Mensch, daar hot sei Racht derzu."
„Un dos gaabn mer ne aah! Du bist doch e gescheits Gungel, Bummermann? Kennst de ne Mignon? Sisst du dä, wie ich traurig gucken tu! Hätt ich fei aah net gedacht! Du kennst dan Mignon net! Dos is schlimm, schlimmer, när aamol schlimm! Du, als Polezeier kennst dan Mignon net? Ich möcht gerodnaus heiln wie Sommerregn! Ich gelaab's geleich! Dr Mignon is mei Paradeöchsel! Waar dos net waß, daar denkt emende gar, dos is e Reitpfaar. Du mußt dos Öchsel emol laafen saah. Wos sog ich laafen. Mei Öchsel schreitet, dos läft net, dos schreitet. Wu ich mit dan hikumm, zinne de Leit de Mütz un grüßen freindlich. Un erscht de Küh! Grußer Schrack, enn setten Agrotz hatt ich net als gunger Bursch. Läft daar Mignon durch'n Dorf, waarn de Küh geleich neimalk. E settes Viehchel möcht mer an libbsten miet ze Bett namme. Oder is will derwaagn aah ewos miet vürgelegt hobn. Do is nischt mit e wing grünn Zeig. Daar ka e Füterle vertrogn. Nu, ich möcht sogn, mer waß doch, wan mer'sch neisteckt, do gibbt mer'sch gern. An libbsten frißt'r Streißelkuchn. Net ebber geden, dan vun Neibert-Bäck, fer achtzn Pfeng is Stück . . ."
„Halt när emol ei!" rufft nu dr Polezeier. „Wos hot dä de Leich mit dan Mignon ze schaffen?"
Do hot dr Wan e Brachlach aufgeschlogn. „Pfaarnast, mit Reschpekt gesat, daar Ochs gieht miet zer Leich!"
Dos war fern Bummermann de gruße Gelock! Singt Gloria! Singt, un halt nimmer auf! Dan Bummermann is ganz törmlich worn. Daar Mignon war dr Retter! Un wenn'r aah net wie e Reitpfaar läft! Daar Mignon gieht miet zu daarer Leich!
Ne annern Tog is dos Öchsel Mignon vür dan Leichnzug haargestiegn, hot ne Kopp gehubn, de Baa nausgehaant un nooch

geden Schriet mit'n Schwanz na dr Wogndechsel gehaant. Un, doß'r net egal traaten gebliebn is, hot'n dr Wan andauernd Haferflocken aus dr Hand frassen lossen. Fer Haferflocken hätt dos Öchsel of enn Saal getanzt. Un waar dan Aufzug sohch, daar mußt sogn, ob er wollt oder net: „Su eine feine Leich!"

När aa aanzigs Mol hot daar Ochs senn Olbrich kriegt un dan ganzen Leichnzug durchenannergebracht. Wie daar ben Pachstaa die schinn Geranie dra'n Fanster sieht, werd's doch dan eifalln, doß'r die hobn möcht. Su sehr aah dr Günther-Wan dra daarer Leine reißt un ruppt, aah e wing dammigt, daar Ochs langt nooch seine Geranie un derwischt die aah. När hatt'r net bedacht, doß zwischen dr Stroß un dan Haus e Graabel war, dos fer enn Wogn is rachte Frassen is zen Ümhaane.

Naa, naa! Alles wos racht is! Er hot net ümgeschmissen! Er hot net ümgeschmissen! Er hot seine Geranie gefrassen, esu lang mußt aabn alles warten, nort is'r wieder vödergetraaten.

Wie se ben Grob dratraaten un allezamm e schie Lied singe, do hebbt daar Ochs de Nos un blekt esu schauderhaft garschtig, doß aah ne Bummermann ganz rührsaalig wur. Un wie de Leich verbei war, sat de taabe Müller-Cordel zun Polezeier: „Dos war oder nobel vun eich, doß'r noch emol Trompet geblosen hatt. De Leichn waarn heitzetog egal schenner. Mer möcht sich is Starbn noch e wing aufhebn, doß mer noch racht viel miet begrobne ka."

Dr Bummermann, daar wußt sei Roll

Wie dr Kuhhosenverei „Zun Blaue Wiener“ Stiftingsfast hobn sollt, saten e paar sette Kuhhosenbrüder: „Danmol is nischt mit Saukoppassen, langer Rederei un of'n Tanzbuden rümhaarolbern. Mir machen ewos ganz Grußartigs, ewos, dos de Leit noch net derlabbt habn, wos enn in Flaasch un Blut gieht, bis mer kaane Zäh meh hot. Mir machen e schie Theater of dr Bühne.“

Dos hot allnzamme gefalln. Un wie se drüber geheim ogestimmt un de Übermacht gewunne hatten, habn se sich higesetzt, habn of Annebarg geschriebn, un wie dos mannichsmol esu is, aah geleich e Stückel derwischt, wos se namme kunnten. Dos war waß Gott Trafftrump, esu e Theater of enn Niedersitz ze derwischen, wenn mer bedenkt, doß die Rolln aah dan Kaffatenmachern liegn müssen.

Oder do gang aah lang dr Hewedel lus. Geder vun die Schauspieler wollt de schennste Roll hobn, wollt sich saah lossen un wollt daamisch grußtu. Un wärn se derbei gebliebn, hätt's in dan Stückel sechs Bürgermaastern, Sparkassenschreiber un Stroßenwarter gaabn, bluß kaane Polezeier, Schaarnschleifer, Kühgunge un Toppflicker. Un wie nu überhaupt kaa Frieden eizieh wollt, habn se is Dümmste gemacht, wos se machen kunnten, se habn ihre Rolln ausgelust. Mer möcht nu sprachen, aah allezamm ausgerußt! Do hatten die de schwerrnsten Rolln, die e ganz lechte mochten, aane, wu mer nischt ze larne braucht, un die hatten e ausgesprochne Naabnroll, die an libbsten dos ganze Schauspiel allaane dermacht hätten. Oder ausgelust war ausgelust, un ausgerußt war aabn ausgerußt!

Wie se oder de Rolln vertaalt hatten, war aah de Busset miet vertaalt. Geder gang seiner Gäng, un kaans dacht meh dra, doß su e Stiftingsfast net ewig of sich warten läßt. Dos ruckt mit geden ogerissene Kolannerblaatel nähnder ra, ob se mochten oder net. Un wie mit'n Bummermann de Zirkelarer kame, wu drauf ze laasen stand: „Mit Riesenüberraschungen!“, do habn de Kaffatenmacher ihre Schwanzfaadern kriegt. Geder suchet nooch dan Rollnbüchel un dacht dra, aah emol miet neizesaah, denn su e Theaterspiel mit'n Büchel vür dr Nos, dos is e rachter Hanf un macht is schennste Stückel zeschanden.

Zwee Tog vür dan grußartign Stiftingsfast gang de Probiererei lus. Die war oder aah dernooch! Grußer Schrack, esu viel Schofköpp, wie do rümgeflochen sei, esu viel gibbt's of kenn Schofbarg.

Un besohch mer die Sach, mußt mer sogn, ne größten Schluhz hot dr Gramann-Schuster agestellt, de Fliegn-Zwack, wie de Leit ze ne saten. Gerod daar mußt enn Polezeier machen, darb neifunken un e paarmol aah aufwurzeln. Oder gedsmol, wenn'r dra war, war er net insoot. Do war er in dr Saalstub un hot e Knackwerschtel gassen, hot in dr Schankstub seiner Kundschaft wenn's sei mußt e Kind eigeredt, oder do war er of dr Rederate un hatt dort draußen mit dan un genn senn Focht. Emol stürzet'r of dr Bühne, do hatt'r überhaupt nischt haußen ze suchen. Annermol, do mußten sechse zegleich laut un lang bleken, er wär dra, un war doch net ze finden. Un wenn'r nausmußt, beget'r allemol: „Osse, bi ich dä lang wieder dra? Of mir liegt oder aah de ganze Last!“

Dos is nu dan Balbier sachte miet nei seiner Nos gefahrn, un dos war e ganz schiener Zinken: „Lix“, sat daar, „Zuchtfreind Lix, dos

aane ka ich dir sogn: Wenn de net ball Geschick na deiner Roll machst, traat ich aus'n Kuhhosenverei aus un mach mich bei de Hühnerzüchter nei!" Dr Lix oder trot wie e uschülligs Kalb of dr Bühne un sat in ennfort: „Wos'r när egal mit mir hatt?"
Wie oder daar schiene Gramann-Schuster aah bei daarner Sunnobnd-Noochmittig-Prob elfmol ümgeschmissen hot, do sei seine Mietgevattern ganz uverschaamt aus dr Roll gefalln. Nu do erscht! Dr schennste Spuk war fartig! Do is daar Dingerich aah noch schlacht worn, hot se allezamm kurz un lang gehaaßen, Pfafferköpp, Sautreiber un Brühnischeln, hot sei Kuhhosenbüchel higehaa un is zun Hühnerverei übergeloffen. Nort hot'r senn Battel genumme, hot de Tür nageplatzt un war gange.
Nu troten die Kalmissen beienanner un habn sich agesaah wie de Zieg, wenn's dunnert. Warn se aabn när noch siebnezwanzig Mitglieder in Kuhhosenverei. Schod drüm, geder Kopp zöhlt! Wos wur oder nu mit daarer Schauspielerei? Wu sollt nu geleich e neier Polezeier haarkumme? Aus war'sch mit daarer Probiererei! E paar saten gar, wenn de Fliegn-Zwack net mietmacht, do könnt ihr mich aah allezamm kreizweis fünfern! Do mußten se erscht emol de Vereinskasse strofen un enn drauf trinken.
Un esu soßen se dra dan grußen runden Tisch, daar in dr Sakrestei stand, su haaßet in genn Wirtshaus de Kutscherstub, habn allezamm of enn Kamm gestrichen, ihre Nachterle gezulpert un hätten ver Busset raanewag heiln könne. Aaner sat in seiner Aafalt: „Häng mer e Schildel naus, wu draufstieht: ‚Aus technischen Gründen ...' un esu!" E annerer maanet: „Quarkspitzen! Mir streichn ganz aafach die Polezeierroll. Mer lossen die links liegn, ästemiern se gar net. Dos merkt kaa Mensch!" – „Un waar sparrt dä nort dan ugetreie Schaarnschleifer ei, dan Ausbund in unnern Stückel? Dan Sauhund ka doch kaaner laafen lossen!" Nu do erscht! „Iech söll e Ausbund sei, e Sauhund? Nu wall ich dos när waß! Itze habbt'r de Katz aus'n Sack gelossen. Ich spiel die Roll net ... Ich spiel überhaupt nimmer miet. Un wenn ich noch e Wort här, mach ich mich aus eiern daamischen Kuhhosenverei raus. Bei de Hühnerzüchter gibbt's überhaupt egal bei de Stiftingsfaster e grössersch Stück Flaasch." Nu dos war erscht schlimm! Aaner wollt guttegar e Fahrkart liesen un geschwind e wing verraasen, bis dos Stiftingsfast vorüber war.
Of aamol gang ne Balbier e Saafensieder auf. „Ich hob's! Ich

hob's! – Leit, ich hob's!" schrier daar, doß mer hätt denken könne, er hätt is gruße Lus gezugn. „Dan Polezeier spielt dr Polezeier! Dan spielt dr Bummermann! Do brauchn mer kaa Klaadahsche! Un stellt'r sich ebber racht dabbisch a, kriegt'r aabn e stumme Roll. De Hauptsach Autoretät! Er muß när racht gravetätisch kumme!" Daar Eifohl hot allezammne racht gut gefalln. Se habn dan Balbier e gescheits Gungel gehaaßen, enn Hund of dr Geig un habn ne e Nos noochgesat, die geden Spürhund übertröf. Daar Eifohl war fei gut! Nu wollt dr Schaarnschleifer-Rolln-Spieler nimmer austraaten.

Do sei se über dan Bummermann haargange, habn ne Gubelbruder gehaaßen, Polezeier-Liebegottel, Polezei- un Stroßenferscht un habn aa Gloria nooch'n annern of ne gesunge. Dos hot dan Dingerich machtig quack geta! Un wie daar gute Bummermann e wing in Tritt war, habn's ne eigewickelt. Dr Bummermann mußt miet nauf dr Saalstub, un do gang aah lang die Probiererei lus.

Wenn mer die Sach esu beabsalviert hot, do mocht mer sogn wie gener: Daar Bummermann is e Ding, hübn un drübn mit Flöhfett eigeriebn. Daar hot e Theater gespielt, wie dos emende alle hunnert Gahr när aamol vürkimmt. Nooch dan hätt sich gedes Staatsschauspiel de Finger ogelackt. Daar hot neigelangt, daar hot zugegriffen, emol mit un emol uhne Gewaff, wie's aabn gerod esu kam. Do stand aabn e Polezeier of dr Bühne, un daar hot's polezeiern lossen!

När aans hot dan Mitgespieln net racht gefalln: Daar Polezeier hatt kenn blassen Schimmer vun daarer Roll, die er spieln sollt, un gedsmol hot'r enn annern eigesparrt, doß se richtige Angst krieget'n un andauernd dachten: „Waar muß dä nu itze fort?" Un habn se de Probiererei vun vorne agefange, nort wußt kaans, wu se ben End hikumme würn, öb do naus oder dorten naus! Oder habn se ewos ze ne gesat, wur er noch wichset un schrier schauderhaft laut: „Iech bi iech! Un iech sparr ei, wan's mir paßt! Waar is dohier de Polezei?"

Do warn aah lang de erschten Leit insoot, un de Schauspieler mußten sich verzieh. Hinter dr Bühne sat daar neimol kluge Balbier un Zährausreißer zun Bummermann: „Wenn ich wie du wär, ich wür mei Roll su un esu alegn. Nischt gieht über'r guten Alog." Un daar Bart- un Zährausreißer hot geta, als hätt'r die ganze Schauspielerei allaane derfunden.

Nu war dos meitog esu, doß su e Stiftingsfast net mir-nischt dir-nischt agefange wur. Do mußt erscht e Red sei! Danmol oder, do war daar Kolleg Landeszuchtwart vun dan Kuhhosenverei „Zun Blaue Wiener“, suzesogn dr „Landes-Blaue-Wiener“, net eigetroffen. Su is daar Vürstieher wie e Waaberschiffel andauernd hi- un haargerennt un sat in ennfort ze de Kaffatenmacher: „Fangt när a! Seid genaadig un fangt a, sist besaufen sich die enn, un die annern laafen wieder derva!“
Do hot sich dr Sammel-Wien e Herz gefaßt un is vür dan Vürhang gestiegn:

„Do gauchzt e Ruf vun Barg un Hang:
Du lieber Hansgörg, waar net bang!
Ich breng vun deiner Olga gute Mär.
Wenn iech doch bluß aah Hansgörg wär . . .“

Nu gang dr Vürhang auf, un dr Balbier trot in senn Filzpantoffeln un dr Zippelmütz vür:

„Ich traat do aus menn Haus hervür.
Ich här enn reden vür dr Tür . . .“

Do habn de Leit schu is erschte Mol gerodnaus gegubelt. Dr Balbier hot dos oder aah wunnerschie vun sich gaabn.
Nu war dr Bummermann is erschte Mol dra. Er mußt bluß emol über daarer Bühne waglaafen, mußt stiehbleibn, emol schnuppen un nort geleich wetterlaafen. Dos war eich e Roll! Die war raanewag dan guten Bummermann of dr Seel geschriebn. De Leit warn echeleganz, die habn mit de Baa gestrampelt, esu hot ne dos gefalln.
Dos Stückel is geloffen wie e Daviddel, när net, wie dos esu in dan Rollnbüchel ebber ze laasen stand! Mer kam egal meh dervu wag, un geder hot gerod dos gesat, wos ne nei’n Kopp kumme is.
Do bracht’s oder aah lang dos gruße Ugelück vun ubn reigetriebn! E paar Mugaatle spöter hatten sich die Dingerichn esu gottsderbarmlich verrammelt, doß kaans meh wetterwußt, net vürzu un net rückzu. Gerode hatten se sich noch e wing gewärtelt, hatten sich e wing de Haar nagemacht, un nu war dr Docht alle. Nu soßen se drubn wie dr Sankt Muff of’n Spritzenhaus. Nischt kam meh, net när nischt, is kam überhaupt nischt!
Do saten die hinter dr Bühne: „Bummermann, half! Mach, Bum-

mermann, Polezeier-Liebegottel, sei genaadig, un half! Un wenn de Pfaarnast ze mir sogst, mach, tu halfen!" – Oder dr Bummermann trot bei dan Vürhang un hatt waache Knie in seiner Polezeierhus. Er hätt emende, wenn'r gewußt hätt wie! Half när emol enn, wenn de nischt waßt! Sog enn emol is Exempel vür, wenn de salberscht när Bunnestruh drinne in Kopp hast!
Un gerode e do is ne e Blaatel geschossen, e schiens gruß saftiggrüns Blaatel! Er trot naus dr Bühne, hot die drei Kalmissen, die nischt meh rausbrachten, vun ubn bis unten agesaah, un nort geruﬀt, doß dr ganze Saal gezittert hot: „Otterngezücht! Un wenn ihr noch esu sehr eier Gusch halt, Polezeistund!" Er packet die Klaabbrüder ben Schlawittchen un schrier nei dan Tanzbuden:

„Su is dos mit dan Laabnslauf!
Wenn's an schennsten is, e do härt's auf!"

Nort hot'r die Gusten vollterscht nausgesteckt un mit beede Händ dan Vürhang zugeraaft.
Mer kunnt denken, de Leit würn net wieder, esu habn die gegubelt. Un de Kaffatenmacher saten när eitel: „Do hilft nischt, mir müssen wieder naus!" De Leit habn egal noch gegubelt, oder an serrnsten, wenn dr Bummermann naustrot. Haamzu habn se gesat: „Ja, daar Bummermann ...", wos haaßen sollt: „Waß Gott, daar is hübn un drübn mit Flöhfett eigeriebn!"
Un dr Lehrer sat ne annern Tog ze seine Kinner: „Was sagt uns Bummermanns Abgang im gestrigen Schauspiel?" Un wall die Kinner net miff noch maff wußten, sat'r: „Das ist faustische Lebensphilosophie!"

Do kam e Pazefist nooch Kuttergrü

E ganz schlimme Zeit fern Bummermann war sattigsmol, wie daar Krampel vun Branzewig nei's Dorf kam, e Mannsen mit stackledürre Baa un e paar Aagn, gruß un scharf wie zwee Titscherkugeln, doß mer när egal denken mußt, wan waarn dä die rausfalln.
De Leit saten vun dan Branzewig ewos ganz Schlimmes! Se saten, un derbei habn se de Köpp nazammgesteckt, daar wär maa e ganz uverschaamter Pazefist! Un allezamm habn se nort vür sich hi gemorfelt: „Uje, waar hätt dä dos gedacht! Schlimm, schlimm! De Reichswehr is fort, nu sei de Pazefisten lang in Dorf hinne! Dos sei gewieß ganz Schlimme, wall mer sist nischt vun se härt, ebber Blaukreizler oder Freimaurer!" Un se mögn oder aah derbei gedacht hobn: „Wos möcht dos bluß sei, wenn aans e Pazefist is?"
Gerod esu hot aah dr Bummermann in senn aafaltign Kopp gedacht. Un wie er emol gaahling un uversaahends dan Mannsen nei

de Händ läft, derschrackt'r esu, doß'r geleich gar net waß, wos'r machen soll. Er hatt sich vun enn Pazefist e ganz annersch Bild gemacht. Un do fällt ne is aanzige ei, wos enn Polezeier eifalln ka: Er marschiert stramm of dos Mannsen lus. Un wie er genau fünf ganze Schriet an ne na war, macht'r „Pst!", ruppt ne Kopp wie elektresiert nooch rachts un haant de Hand na dr Mütz ze enn Honneur, dos sich gewaschen hatt. Nooch drei Schriet macht'r wieder „Pst!" un ruppt de Hand ro un ne Kopp gerodaus.
Die ganze Sach hot dan Polezeier quack geta. Honneurmachen, dos war dan sei ganzes Laabn. Dos hätt e preißischer Landschandarm kaa Mugaatel besser gebracht. Hätt dan Polezeier dr Hindenburg derwischt, dos ka mer sich doch ausmoln, wär er dan sei Leibpolezeier worn, sei Landschandarm Nummer aans. Oder daar hot'n net derwischt. Dos war när gut. Su blub dr Bummermann, wos er war: Land- un Stroßenferscht in enn klenn Nast mittendrinne in Wald. Un dos war derwaagn aah ewos.
Oder do stand aah lang daar Krampis vun Branzewig braatbaanet of daarer Dorfstroß, hot mit senn Stacken facheriert, doß de Stocknahln när esu gescheppert habn, un derzu wie e uzeitig Kalb geschriern: Öb dos emende e Sach wär, esu enn rachtschaffene Bürger ze begegne? De Demekratie is doch kaa Hurenbock! „Mer denkt an nischt Schlechtes, un da kommen Sie dahere! Paff, paff, paff, wie een Grenadiere vom Alten Fritzen!" Do is dr Bummermann strammgestanden, hot sich aschreie lossen, Schofkopp haaßen un sist wos mit sich machen lossen. Is kam bluß egal vun ne: „Jawull! – Jawull!" Un derbei hot'r gedacht: „Wos mog bluß in dan senn Kopp esu vür sich gieh. Sog nischt, esu kimmst de dan Schreiluder vun Pazefist an ehnsten aus dr Zerr!"
Oder gerod die Strammstieherei mußt daar Dingerich machtig verkehrt verstanden hobn, denn daar wur ebber net zahmer. Daar wur egal olberer! Dos hot dan Polezeier Bummermann schauderhaft gewurmt, un er war nort haalfruh, wie er sich geschwind aus'n Staab machen kunnt.
Es gibbt schlimme Sachen in Laabn, wuhl oder nischt Schlimmersch, als wenn mer enn Hund prügeln tut, un daar waß gar net, worüm'r sette schauderhafte Plötz derwischt. Un gerod esu is dos dan Bummermann gange. Als wenn net de Stiefeln nazammgeknallt hätten, doß mer denken mußt, e ganz Gaswark wär in dr Luft geflochen. Un dos Honneur erscht! Gerachter Struhsook! Dos soll

erscht emol aaner enoochmachen! Net alles gieht enn voll aus. Oder dos dohierde, dos war net bluß e Honneur, dos war e Grand-Honneur, aans mit enn goldene Schwanzel! Su aans stieht höchstens emol in enn Bilderbuch. Un die Strammstieherei erscht! Kaa Dampfwalz hätt de Gewalt zen Ümhaane gehatt. Su stinne när de deitschen Eichen, wür dr Rittmaaster Knopp vun Klapperkopp sogn.

Wär er bluß sattigsmol ehaamgetraanelt, nort hätt kaa Hah meh nooch daarer Sach gekröht. Oder wie dos mannichsmol esu is: Dr Bummermann gieht net ehaam, er stachelt zun Bürgermaaster nei, un dorten haargenau dan Branzewig e zweetes Mol nei de Baa. Daar mußt dohierde e fei wing aufgemischt hobn, denn er hatt enn ganz ruten Kopp dra wie e Puninich, un dr Bürgermaaster, daar sist e Laahmhus war, daar aah.

Dos is dan guten Bummermann fei daamisch nei de Glieder gefahrn, un er wär an libbsten nei'n Aardsbuden gesunken. Oder do kam ne nei senn Kopp, wos emol dr Bürgermaaster gesat hatt. Daar hatt gesat: „Bummermann, is e Fremms bei mir, aah dos ka emol sei, un de kimmst zer Stubntür rei, ruppst de deine zwee Stiefeln nazamm un haanst de Hand na dr Mütz. Dos macht vür'n Leiten enn uverschaamten Reschpekt. Dan könne mir alle beede racht nutwennig gebrauchn. Mer würn uns doch racht ümsaah, fuhln mer bei daare nächsten Wahl unten durch wie de Asch durch'n Kuhlnrost. Dos derf net sei! – Un noch aans, hatt'r sattigsmol gesat, sog ‚Sie' ze mir, un aah ‚Herr Bürgermaaster', denken kast de, wos de willst, dos härt mer net!"

Nu, nischt is aafacher als gerode dos! Un esu haant dr Bummermann de Stiefeln nazamm, macht „Pst!" un pfeift de Hand na dr Mütz. Dunnerlittich! Dos gang noch emol gut! In aaner Haar hätt'r die Mütz derbei gegen die Stubntür gefeiert.

„Ich schrei Feier! Da sehn Sie es selberscht! Mitten in eenen tiefen Sommerfrieden, an eenen herrlichen Gottestage, da knallen de Kommisstiefeln mit Eisenzwecken durch'n Dorfe! Da klatscht eener seine Treter of den unschulligen Sand von der Straße im Dorfe! Da wird marschiert un salutiert! Ich protestiere!"

Do sat dr Bummermann, daar egal noch stramm dra dr Tür trot: „Ze Befehl, Herr Bürgermaaster! Loß dan Dingerich när schreie! Daar härt aah wieder auf!"

Oder gerod dos war verkehrt. Dos hätt dr Bummermann net

machen solln, denn nu wur daar Dingerich vollterscht guttegar olber, doß dr Bürgermaaster när noch sogn kunnt: „Bummermann, dr Herr Branzewig maant, Se möchten nausgehn!" Do hot dr Bummermann e Flemm gezugn wie Stachelbeer un saure Millich, hot noch emol e Honneur gemacht un hot ver Wut ganz sehr de Stubntür nageplatzt. Do blieb geleich dr Saager stieh.
Nu hot's dan schinn Bummermann derwaagn kaa Ruh gelossen, wos dä aagntlich lus war. Mer läßt sich halt emol net gar ze gern aschreie, aah nort net, wenn mer doderfür bezohlt werd. Un wie er esu zen Noochmittig durch'n Dorf macht, denkt'r, spannst de emol ben Bürgermaaster mit nei. Oder daar hatt senn Polezeier lang laafen saah, ruppet's Fanster auf un schreiet raus: „Bummermann, alter Schofkopp, reikumme, oder e fei wing dalli, trapp, trapp!"
Wie nort dr Bummermann bei dr Tür trot, sat dr Bürgermaaster: „Wie grüßt e Polezeier, wenn'r aans of dr Dorfstroß oder sist wu begegnt?"
Gerod wollt dr Bummermann luslegn, wie mer ze enn scharfen Rittmaaster-Honneur kimmt, do fährt ne dr Bürgermaaster derzwischennei. Un er sogt: „Dos war emol bei enn Bummermann! E Polezeier is kaa General, Admiral, Korperal! E Polezeier is heitzetog, wu mir demekratisch sein, e Zivilpersu, un die grüßt aah esu! Die grüßt un tut derbei de Mütz derhöh, domit mer saah ka, doß kaane gunge Taubn drunter sei, verstanden? Daar Branzewig macht sist aus uns zwee Schofköpp lauter Saagspaa! Dan seine Gevattern sitzen dra de Futterraafen bis nauf ben Hindenburg hi. Na, un do möchten mer'sch net drauf akumme lossen. Tunne mer dan Mannsen senn Gefalln, un mir sei aus'n Schneider."
Dos war eich oder e verdammt starker Tobak! E Polezeier, daar wie e Kühgung, wie e Bortenhannler, Sparkassenschreiber, de Mütz zieh mußt! E sette Raretät wär emende nütz fer e Vugelschießen, fer dr Geisterbah oder fer sist wos.
Oder wos wollt'r schu machen? Sollt'r sich ebber daaretwaagn mit'n Bürgermaaster alegn? Kaa Gedank! War dos net überhaupt egal, ob mer de Hand na dr Mütz tut oder mit dr Hand de Mütz rotut? Wenn mer enn dermiet e Frahd machen ka, mer is doch aah kaa geborner Reichsgraf Hackstaa vun Hackstock! Es muß när racht akkerat geschaah. Mer muß suzesogn saah, waar do sei Mütz zieht. Die Mütz muß mer gerodzu vun Kopp ropolezeiern!

„Un, doß ich aah waß, öb de dei Sach orndtlich machst oder net, gisst de itze vorne naus, un wenn aans kimmt, nort zisst de dei Mütz un sogst ‚Guten Tag!' – ‚Gelückauf!' oder esu. Ich beabsalvier dich vun do hinne aus un mach mer meine Recherchen!"
Nu trot daar Polezeier Bummermann vür dan Amtel, krieget sachte kalte Füß un Baa un mußt warten, bis endlich emol aans dan Dorfbarg innewider laafet. Dos war e derbarmlichs Geschäft. Oder aah derwaagn fer dan Bürgermaaster, denn daar trot hinter senn Scheibngardinel un hatt lang de zweete Zigarr agesteckt. Oder gerod do hätt'r ball enn Luftsprung machen könne, su enn richtign Hirzersch, wie mer dos mannichsmol bei de Ziegnböck sieht, denn do bracht's aans dan Dorf drubnrei geschubn. Nu mußt's geleich esuweit sei! Do wür er saah könne, wie aus enn Miletariste e Zivilist, wie aus enn Flaascherhund e Märzenhaasel wür. Esu hot zewenst daar daamische Branzewig dohaargeschwaafelt.
Oder nischt, gar nischt! Kaa Flaascherhund un kaa Märzenhaasel! Überhaupt nischt. Dos Mannsen war verbei, un dr Bummermann trot dorten un hot net emol rüra geta, mit de Aagndeckeln geklappert oder die aane Hand aus dr Gackentasch gezugn. Do hatt oder dr Bürgermaaster lang is Fanster aufgeruppt un bleket of dr Stroß naus: „Nu, Bummermann, wos is'n?"
„Wos soll dä sei? – Nischt is!"
„Un waagn daarer Grüßerei un esu?"
„E Polezeier muß! E Zivelist ka un ka aah net. Do hob ich aabn net!"
„Un worüm dä dos?"
Do sat dr Polezeier: „Dan grüß ich überhaupt net. Mit dan sei mir bies!"
Do hot dr Bürgermaaster sei Fanster wieder nagemacht un hot gedacht: „Do hot daar Schofkopp aah noch racht! – Wu soll dos oder hiführn! Uns gieht doch dr ganze Reschpekt flöten!" Un esu hot'r is Fanster noch emol aufgemacht un nausgerufft: „Wenn dos esu is, do mach när lieber wieder enn Polezeier! Mer waarn saah, waar gewinnt, dr Branzewig oder mir!"

Kumme de grußen Hünd, müssen de klenn nei's Ufenloch

E dümmere Zeit kunnt sich daar Schofkopp vun enn Bürgermaaster überhaupt net raussuchen! Hatt ihr schu emol mietgemacht, wenn aaner senn Karpenteich oläßt, doß zerletzt kaa Wasser meh drinne is? Do legn sich nort de Karpen of dr Seit nüm un schlögeln andauernd mit'n Schwanz nei dan schwarzen Schlamm. Dos tut klatschen, als wenn aans de Händ nazammschlögt. Un waar of'n Teichdamm tritt un net nei daarner schwarzen Supp muß, üm ze fange un ze fischen, daar ka sei halle Frahd dra daarner Gad hobn, dra daarner Pfatscherei un Schmanderei. Un manniche Leit wissen noch e Liedel dervu ze singe, wie emol vür Gahrne zaahne, mitten in daarner Klatscherei egal e „bum, bum, bum" ze härn war, als schloget aans de gruße Trummel. Un wall e Gahr zevür dr Paukenschlaager vun dr Bargkapell über Nacht waggestorbn war, wollten e paar ganz Gescheite wissen, daar wür als Geist miet in dan Teichschlamm stacken. Nort habn se oder allezamm darb lachen müssen: Do hatt sich e setter Spackbuckel vun enn Karpen nei dan Droht- und Blachzeig vun'r verrosten alten Kinnerkutsch verfitzt. Un wall daar Dingerich aah e wing miet schlögeln wollt, kam derbei e sette „Bummerei" raus.

Dr Teichpachter Graupenbauch hatt seiner Zeit soot sette Karpenfänger. Waar uhne annere Arbet is, un doderva gob's meh wie

Sand dra'n Meer, hot aah vür daare Sauerei in Schlamm un verrosten Büchsenzeig kenn Respekt. Daar wickelt Hus und Hemm derhöh un macht in die Schlammküch noochenanner nei. Aah dan Karpen mußt dos enn uverschaamten Spaß gaabn hobn, denn ball warn die Fischer schwarz wie de bähmischen Rußkotern, un se habn noch sehrner mit ihre Schwänz gewechelt. Un dos war när deswaagn, wall se in ihrer Aafalt net bedacht hatten, doß se dos Hals un Krogn kosten wür. Denn nischt ka enn Fischer daarer Sorte meh reizen als e setter Zappelfillipp. An gescheitst'n habn's die olbern Hosen unter dan Karpen gemacht. Die logn stacklesteif in daare Holundersupp, doß mer denken kunnt, se wärn e Staa oder schu waar waß wie lang verreckt.

Die Teichfischer habn als Luh vun Graupenbauch e paar Karpen kriegt. Kaane erschter Grade, oder esu gruß wie e Handtaller mögn se allemol derwaagn gewaasen sei. Klaaviehch macht aah Miest, mögn de Karpenfänger gedacht hobn, un habn se nort allemol nei ihr Halstüchel gewickelt.

Ben Austaaln is nort aah dr Bummermann vun dr Seit miet nagetraaten, hot darb gelanglich geguckt, doß dr Graupenbauch gar net annerschter kunnt, als ne aah zwee, drei sette Dürrländer nei sei Polezeiermütz ze stecken.

Oder esuweit war dos noch net. Dortenhi sollt's erscht kumme. Daaretwaagn hot daar gute Bummermann daamisch of dr Ratt gespannt. E Mugaatel fortlaafen, ebber blußemol nei's Gestrüpp, dos kunnt de schennste Karpenfischerei verdarbn, denn gerod e do kunnt dr Graupenbauch austaaln.

Wie dos mannichsmol esu is, mit Verlaab gesat, do schreit doch dos Pfaarnast vun Bürgermaaster, dr Bummermann söllt emol e Stückel bei dr Wies reikumme, die vun „dinne raus“ hätten enn Brief anhero expediert. Un do dermiet wur all mei Tog de Schwarzenbarger Amtshauptmaschaft gemaant, de Stuhlkissenrutscher vun Amt un Asaah. Esu dumm kunnt sich aah när dr Bürgermaaster vun Kuttergrü astelln. Denn vun die Schreiberseeln of dan Schwarzenbarger Amt hot kaaner derhaufen gehalten, un schu geleich gar net dr Polezeier Bummermann. Geder Brief bracht neie Arbet. Er sat andauernd: „Bei dann dinne hot aah dr Kreis seine vier Ecken ...“

Un esu hot daar gute Bummermann überhaupt net rüra geta, hot nei dan Teich gezeigt un esu geta, als müßt'r dan ganzen Fischzug allaane dermachen, un hot Staanle dorten hi geschmissen, wu gerod kaaner vun die Teichfänger un Karpenfischer rümgewoten is. Do habn ne oder aah lang e paar sette Sparrguschen, un wenn gefischt wur, gob's meh als soot, dra'n Ärmel gezugn un habn ze ne gesat: „Bummermann, Polezeier Bummermann, dei Harr Vürstand rufft nooch dir!" Un wie dos gar nimmer annerschter gang, hot'r sich nümgedreht un ze se gesat: „Wossen hatt'r gemaant?" – „Ach dr Bürgermaaster ..."

In daare lange Zeit war dr Bürgermaaster aah lang dan huchn Teichdamm noochenanner raufgelästert, gabbset wie halb olber un schwenket in ennfort dos hallgrüne Briefel mit dan schwarzen Sachsenwappen vorne drauf. Dan Hindenburg of daarner Briefmark mußt derbei ganz törmlich waarn. „Do, die vun dinne raus wölln ewos vun dr Ortspolezei, un daar bist du!" Un do hatt'r aah lang dos Briefel dan Polezei- un Stroßenferscht Bummermann bei dr Gack neigesteckt, gerod esu geschwind, als wär Teifelsdrack drinne.

Nu hatt daar Bummermann, wie esu oft, net miet, wos mer überhaupt net vergassen derf, net als gewähnlicher Mensch, un schu geleich gar net als Polezeier: de schiene gute Brill. E Mensch mit'r Brill is nischt, oder aaner uhne Brill, daar aane braucht, is ubeholfen, gerod wie e nacket's Vögele. Dos is aaner, dan mer nooch Takt un Noten himmelhuch bescheißen ka, uhne doß daar enn Schimmer Ahning derva hot.

Nu waar redt dä do lang wieder drüber? De Brill hot schu e mannich annere huchgestellte Persu verlegt oder vergassen. Wos soll dä do sei? Do wur aabn aus dan Bürgermaaster e Wichser bei enn Scharchierten, e Muschkot bei enn Wachtmaaster oder esu. Un daar sat, er söllt ne när geleich dos Schrifstück cito vürlaasen, es könnt ebber pressiern. Naa, net bluß runterleiern, richtig deklemiern, e wing mit Kommaer un annern schinn Klaazeig.

Nu war all mei Tog dr Bürgermaaster schu kaa gescheiter Doppelkoppspieler, oder noch viel weniger e Vürlaaser erschter Grade. Wie dr Paster emol krank war, hot'r enn Laasegottesdienst ogehalten. Grußer Schrack! Do dervu reden de Leit heit noch! Eh daar die drei Seiten Klaagedrucktes raushatt, gang's stark ofs Sechselauten zu, esu schauderhaft hot daar ben Laasen gestolpert. Es gob aah Leit, die wollten wissen, er hätt Zeig vürgelaasen, wos gar net in dan Buch drinnestand. Do kenn sich aaner aus, wu doch de zammsten Kirchnleit geschlofen habn. Drüm sat emende aah dr Bürgermaaster geleich: „Alts Vürgelaas! – Kennst du de ‚Geschäftsordning fern deitschen Reichstog'? – Ha, ich maan de Fassing vun 12. Gannear 1914! – Hob ich mir'sch doch geleich denken könne, doß de kenn Schimmer vun dr Jurispotenz håst. Do dra faahlt's bei dir net när stark, ich möcht sogn, extra stark! Du waßt bluß, doß zwee Pfund Hühnerflaasch e gute Brüh dergaabn! – Dorten werd gesat, sei Zeig derf när olaasen, un nu här genau drauf, waar dr deitschen Sproch net machtig is. Na, un dos dürft doch wuhl of denn Dienstvürgesetzten net in Awending ze brenge sei. Wie könnt ich dä sist bei e Stücker sechs Vereiner, ich derspar mir, se dir aufzezöhln, dr Vürstieher sei? – Hast de mich lang emol in enn Laudatio gehärt, oder wenn ich bei aaner Hochzig, Leich oder Kindstaaf red? Un esu waar ich dir dos Briefel vun unnern Amtel e wing ausenannerpossementiern!" Un doderbei is'r aah lang mit dan Knerzel vun enn Zeigefinger drunter daarer Klapp gefahrn un hot dos Ümschlaagel net när auf, aah geleich in hunnert klaane Stückle zerruppt. De Fatzle sei wie klaane Schneeflocken vun Wind getriebn, über dan laare Teich higesegelt. Un dr Bummermann trot derbei un mußt när eitel in senn Kopp denken: „Vun dr besten Sorte bist du aah net! Du hast gewieß lang emol neigesaah!" Un esu war dos aah. Er hot ne dan Brief lang ausenannerpossementiert, do war er noch gar net aufgeruppt. „Alsu, esu ka mer dohierde in dan amtlichn Schriftstück laasen", esu fung er a, „dos gieht um die gebührenpflichtige Stockrodung innerhalb der Staats-, Kommu- und Privatwaldungen des Landes Sachsen, die wossen in letzter Zeit . . ."

Bis dortenhi un wetter is'r net kumme. Denn gerod kam dr Teichpachter Graupenbauch daare Dammschütting rûm, sohch dan Bürgermaaster, wischet sich de Händ dra dr Hus raa, un schrier in ennfort: „Wos fer e Ehr! Dr Harr Bürgermaaster, naa, dr Harr Bürgermaaster in voller Statur gibbt mer de Ehr!" Er hot derbei enn Buckel bis no zu de Fußzehe gemacht un nort dan Bürgermaaster esu de Hand geschüttelt, doß ne in aaner Haar dos Blaatel Amtspost nei dan Teichschlamm gesegelt wär, hätten net e paar gescheite Gunge ihr Frahd dra gefunden, dos Luder noch zevur eizefange.

Wos nort kam, gang esu geschwind, doß dr Bummermann net emol Zeit hatt, e wing drüber ze staune. Daar Graupenbauch reißet ne

Bummermann de Diensttasch aus dr Hand, hoket dan Bürgermaaster ei, un schleppet ne hi zu dan grußen Fischfaß, wu die Spackbuckeln vun Karpen ihre Gad drinne hatten. Un schu hatt daar Bürgermaaster drei sette gruße Prügeln in daarner Diensttasch, doß se gar nimmer zuzemachen gang. Derbei sat dr Teichpachter: „Dei Polezeier hot seit Gahr un Tog sei Taal wag. Aah dohero ka dos net annerschter sei: Erscht kumme de Scharchen, nort de Muschkoten!“ Nort stecket'r ne Bürgermaaster noch zwee Zigarrn zu, aane haamzu un aane vürn Zebettgieh. Derbei schrier er lang wieder über dan Teich nüber: „Leite, fischt mer ja gründlich, sist lernt'r mich vun eener annern Seite kenn!“
Dr Bürgermaaster, wos wollt'r wetter machen, daar gang seiner Gäng. Er hot derbei e Liedel geträllert. „Grußer Gott in Himmel, war eich dos e Fischfang!“ Dr Bummermann oder trot dra dan Teich un hatt is Noochsaah. Do kam aaner vun die Fischer aus dan Schlammloch raus un sat ze ne: „Ja, wenn die grußen Hünd kumme, nort müssen die klenn nei's Ufenloch! Deine Karpen stacken drübn bei die Haselruten. Spackbuckeln, verstieht sich, kaane Dürrländer! Do sei vergaabns ne Bürgermaaster seine verhungerte Hanseln! Loß när erscht ne Graupenbauch fort, nort hulst du dir'sche. An besten, de wickelst die Brüder nei dein Kuhhosenfuttersook!“

Dr Bummermann un seine Gochdleit gruß un stark

Gedes Gahr, wenigstens seine zwee, aah drei Mol, do mußten de Bürgermaastern allezamm nooch Schwarzenbarg ofs Amt zen Rapport un net, wie manniche Leit saten, zen Abort. Wos in dan Fall vun Grund auf dossalbe war. Do gob's dos gruße Faaderlaasen, un die Schreiberseeln hatten ihr Fatzenlust, wenn dr Amtshauptma vorn of dan Laaderkissen soß un wie e alte Huhlkroh ball dan, ball genn vun die Bürgermaastern nei dr Mach krieget un ogenußt hot. Er hatt e ganze List derva. Die war bei geden Name voller, voller Haakle, Kreizle un Strichle. Un do warn an besten die noch dra, die bei ihrn Name e Ringel hatten, wos ze bedeiten hatt: An besten is, net hizesaah, sist werd geleich e Kreizel draus, un dos wär fei schlimm. Denn nort müßt daar Bürgermaaster wie e Brotworscht of enn Rost un sich hübn un drübn, unten un ubn broten lossen, doß när is Fett esu rausspritzet. Un dos is fei kaa schiene Sach, dos ka mer sich doch ausmoln.

„Un Sie, Bürgermaaster vun ...", un gelcich habn sibbzn sette Ugelücker ihre Köpp eigezugn un habn bei sich gedacht: „Wu werd's dä itze geleich eischlogn?" Kam nort: „Bunnebach, Kutterngrü oder Schnaadelstack ...", habn die annern wieder huchgesaah un hiehnisch gelacht, wos haaßen söllt, e sette Sach ka doch net ebber in menn Nast passiern. Dos gibbt's aabn när in Bunnebach, Kutterngrü oder Schnaadelstack. Kaa Wunner, bei enn setten Kalmis vun Bürgermaaster ... Mer sieht's ne doch geleich a! Dorten is aah dr Bock e Gärtner worn.
Esu gang dos seine zwee, drei Tog lang hi. Un genau esu lang logn sibbzn Bürgermaastern in Angst und Bangnis, gerod wie sattigsmol daar Daniel in dr Löbngrub. Un hätten se die Sach nazammgerachent: Nu wan hätt's in die zwee Tog net wenigstens seine zwanzigmol in dr scharfen Kritik gehatt?
Bei daarer Sach blub när enn e treich Aag, un dos war dr Polezeier Bummermann. Daar hatt, esu lang sei Bürgermaaster in daarner Schwarzenbarger Löbngrub log un vun dan Flaascherhund Amtshauptma gebissen wur, is gruße Lus derwischt. Er war Hah in Korb un hatt de Amtsgewalt über Dorf, Land un Flüß in seiner Hand. Un dos war derwaagn fei allerhand! Er hatt senn zweetguten Frack a. Aagntlich e gut Stöffel, e Sunntigsstöffel! Doch dan Frack hatt seiner Zeit daar Leibiger-Schneider, dos gruße Pfaarnast, esu verdorbn, doß mer ne när als zweetgut gebrauchn kunnt, wall de Ärmeln unnerschiedlich lang warn. Wall oder dr Polezeier egal die aane Hand zwischen zweeten un dritten Gackenknopp stacken hatt, is gar net esu sehr aufgefalln. Mer kunnt denken, is müßt esu sei. Un esu gang dr Harr Polezei in ennwag ne Dorf innewieder, öb dä nu net ebber ewos wär, wu mer neifunken könnt.
Un esu is nu aah daar gute Bummermann sattigsmol wie e stolzer Gackerhah durch'n Dorf getraanelt. Dunnerwatter, war daar danmol e Grußer!
Oder gerode do kam e Kutschwaagel daarer Dorfstroß rogerollert, un in die Plüschkissen drinne soß daar dicke Pulmis vun Spackwien aus Kannelbach, daar dorten mit e paar Mann of Teesieb un Reibeisen macht. Wie dick daar Kerl war, dos ka kaa Mensch beschreibn. Üm dan azesaah, mußt mer zweemol higucken oder zewenstens schiekeln.
„He, Bummermann, Mann Gottes, Sie schickt dr Himmel!"

Dr Bummermann stand stramm un machet e Honneur, wall'r dacht, nu müßt entweder dr Polezei Bummermann de Mais aus dr Kornkammer treibn oder dr Gemaavürstand in Amt un Asaah. Oder nischt vun dan un nischt vun genn. Vun beeden nischt!
„Wos tunne Se jetzt?"
Un dr Bummermann sat: „Nischt. Ich paß of'n Dorf auf!"
Do war'sch aah lang passiert: „Bummermann, wissen Sie, wos SOS is? Dos is dos internationale Seenotzeechen un heeßt: Save our Souls. Ich seh Sie's an: Se wissen's nich. Wie sollte ooch ... Dos is, wenn jemanden is Wasser bein Halse steht. Ich geb Se gut un gern ihre zwee Märker derfür. Ich brauch noch een Treiber fer eene Drückjagd. Mein alter Geschäftsfreind, dr Kümmelmüller ..." Un nu kam e Schwaadel Zeig. Grußer Schrack, daar Dingerich kam esu in Rahsche, doß'r gar nimmer aufhärn wollt. Un esu war dr gute Bummermann e Treiber worn.
Dr Bummermann hatt senn zweetguten Frack of dr Klack. Do waß mer schu, wos su e Treiber macht. Daar werd doch net ebber durch de dicksten Stauden rammeln. Do wär daar fei e grußer Kalmis! Daar sucht sich e Gassel, e Waagel in Bestand, trällert suksesive dan Ding noochenanner hi, pucht emol mit enn Knüppel na daar oder na gener Ficht un rufft drunnernei emol mit: „Hopplehopp!" Oder er macht „Pui!", domit is Wilpert denken kunnt, es hätt aaner aus'r Gochdflint ogefeiert. Un wenn nort ogeblosen wur, tritt mer aus'n Bestand raus, tut daamisch gappsen un pucht sich of'n Zeig rümhaar, als müßt mer gede Dangel aanzeln derschlogn. Un wenn's ebber zwischennei emol orndtlich geschossen hot, denn aah dos kimmt bei aaner setten Drückgochd miet vür, muß mer saah, waar'sch war un dos Ganze machtig lubn. Dos haben die Gaacher gern. Esu hot sich schu mannicher Treiber e Zigarr oder e Pfeif Tobak verdient.
Esu gang dos alles seine Gäng. Un dos wär gewieß aah esu wettergeloffen, hätt net bei enn setten Drucken ne Spackwien sei Dutz- un Mognfreind Kümmelmüller e schie Rehböckel ogeschossen. Dos armsaalige Dingel log ben Waag un hot kenn Mucksersch meh geta. Gerod wollt dr Bummermann seine Kumplemanter abrenge. Do tritt daar Pulmis vun Spackwien an ne ra un sogt: „Sie sinn de Polezei in Dorfe. Da verstehn Se sich gewiß ofs Wildofbrechen. Is Stück liegt hier bei'n Rande, un den Ofbruch könn Se sich nehm. Meine Frau ekelt sich davore."

„Nu wenn Se maane", sat dr Bummermann, „do muß ich aabn dos Dingel ausschlachten. Dos werd doch ebber enn alten Hosengokel net aus dr Ruh brenge. Die Weißen Wiener, die iech schu geschlacht hob, gerachter Struhsook!"
Do sat dr Spackwien: „Bummermann, Sie sinn een Dunsel. Een Weidmann schlacht nicht ein un der schlacht schon gar nich aus. Een Weidmann, der bricht, der bricht auf!"
Dos Raffermantel hot dan guten Harrn Polezei daamisch gewurmt. Schu daaretwaagn, wall e ganz Haardel Treiber rümhaartrot un hiehnisch gelacht hot über senn Uverstand. Un dos Volk, dos waß mer schu, is aah net vun dr besten Sorte un Mache. Dr Bummermann dacht derbei in senn Kopp: „Dos hast de nu vun dein guten Willn. Du bist de Staatsmacht dohierde weit un braat, un nu läßt de dich aah noch asaue."
„Do schlacht mer aabn net, do brach mer aabn, do brach mer aabn auf. Is Innegewaad muß su raus un su aah, wie mer aah sogn tut. Oder, Herr Spackwien, wos macht mer dä dohierde mit dan Taal, ich maan dan A-Loch? Schneid mer dos Zeig gleich raus oder wos sist?"
Do mischt sich ne Spackwien sei Kumpan ei, dr Kümmelmüller, un sogt e wing sehr vun ubnrunter: „Se sinn aber ooch zu dusslig. Fer eenen Weidmann heeßt der Körperteil, der was am Ende des Wildes is, nicht Irgendwie-Loch, fer eenen Weidmann is das is Weidloch!"
Do hatt dr Bummermann senn Trump. „Ha", sogt'r nu ganz gelücklich, „itze waß ich, wenn dos is Weidloch is, worüm Sie e Weidmann sei!"
Schlimm sei de Gewitter, wenn se vun Magnetenbarg ubnreikumme. An allerschlimmsten sei se oder, wenn se in Wald, mittendrinne in Stangezeig niederginne. Do möcht's enn lang himmelbauchangst waarn, noch eh se lusginne. Su war dos dohierde in dan Forscht.
Geleich mußt dr Bummermann in seiner Arbet eihalten un mußt mit Schimpf un Schand aus'n Wald naus un ehaam. Un daar zweezantnersachzig schwaare Spackwien, daar vollgefrassene Pulmis daar, daar stand of enn Stock, hatt e feierrute Rüb dra un hot wie e uzeitig Kalb geschriern: „Sei Se bloß froh, daß'ch heite gut geschlafen hab, ich hätt Se sonst wegen anarchistische Umtriebe den Gerichten übergebn."

Dr Bummermann is dervagesappt un sat när eitel vür sich hi: „Daar Weidloch-Weidma soll när saah. Daar waß numehro, wos e Hack is, e scharfe Hack, daar Weidloch-Weidma daar ... Zwee Mark, un in Aufbruch hob ich doch!"

De Inspektiu vun Vice

E ganz scharfer Hund drinne of'n Schwarzenbarger Amt war dr Vice Dünnebier, ne Amtshauptma sei neier Vertraater. Bei dan, su saten de Schreiber, wär alles vierecket, dr Punkt wie is Komma. Käm daar nei dr Schreibstub, laafet de Millich nazamm un wür ze Quark, e setter grußer Sauertopp wär daar. Un e Pfengfuchser war daar! Sei Fraa müßt vergaabns is Wasser noch verdünne. Bei enn setten Olbrich paßt aabn alles nazamm, aans na's annere!

Un genau daar Vice hatt sich zer Inspektiu agesagt, mit enn hallgrünn Zettel, daar vun „dinne raus" kam. Un seine Inspektiunsressorts warn ebber kaane klenn, dos warn sette wie Stroßen, Feierwehr, Grundstücker, Bargwarker, Ordning, Eisenbah, Luftfahrt un Schiffsverkehr.
Fer dr Schiffahrt hatt aah sei Vürgänger all mei Tog enn laare Aktendeckel. Daar wur vun dan rammelvolle „Stroßenwaasen" un „Öffentliche Gebaider" ganz nei dr Eck gemöhtscht. In dan vun dr Luftfahrt hinge seit e paar Gahrne bluß zwee Zetteln. Strofzetteln warn dos, wall do welliche hatten enn Drachen steign lossen, wu se dos net durften. Drachensteigen war fersch Schwarzenbarger Amt „Luftfahrt".
Dr Vice Dünnebier hatt egal e graae Kutt of'n Leib un Wickelgamaschen üm de dürrn Woden. De Leit dachten, die würn dan ganzen Kerl nazammhalten. Dos mit die Wickel- un Laadergamaschen wär bei de Stahlhelmer esu Usus. Denn daar Dünnebier, daar wür tu, als wär aar de Reichswehr in natura. Die Leit, die ewos vun ne wollten, mußten „Harr Rittmaaster dr Reserve" un „Gorschammer Diener" ze ne sogn. Dos kunnt viel ausmachen. Derbei habn se su e klaa verhungert Hieferle, wie daar aans war, net emol zun Aardäppelschöln gebrauchn könne.
Ja, un wenn mer dos alles waß, do ka mer sich laut denken, wos dos haaßt, wenn su e Kalmis of Inspektiu kimmt. Dr Bürgermaaster war aus'n Haisel, seit daar dos wußt. Daar hatt in enn fort Mognwieting un bracht net emol enn Mittogsschlof meh zamm. Un dos wollt bei enn Bürgermaaster allerhand haaßen.
„Bummermann, waßt du dä, wos dos bedett, wenn dr Vice Dünnebier of Inspektiu kimmt?" Dr Polezeier hatt dos dünne Biermannel noch kaamol gesaah, mußt höchstens über dan olbern Name lachen: Vice Dünnebier, wie dos putzig klingt!
„Geleich waarn de Hydrantenköpp knallrut agestrichen, doß se enn noch in Finstern blenden, de Strahsandhaifen nazammgekehrt un de Blachbüchsen aus'n Dorfbach geklaubt. In Vürhaisel kumme die niedergetraatene Stiefeln wag. – Wos saah ich do? – Dra deiner Polezeierkutt faahlt ja egal noch daar zweete Knopp! – Oder fei trapp marsch un laut gerennt, daar werd nageflickt, un aah die Fettflack dra'n Ärmel waarn waggemacht, net ebber bluß braatgeschmiert. Do nimmt mer Schmiersaaf oder Waschbenzin. Bluß ebber net rumpeln, sist gieht's über dr Woll haar! – Naa, die

Markle vun dr Hündsteier müssen haargenau un ofs Stück stimme, un dra dan Kommuhaus muß net när e Schloß hänge, dos muß aah zuzeschließen gieh. – Kaa Ausred: Wenn de schu Polezeistund gebieten tust, nort gilt dos aah fer dir, un net noch hintendraußen ben Küchenfanster rümhaarsaufen.
Inu gar, wos is dä dos dohierde? – Geleich gisst de ben Balbier verbei un läßt dir de Haar oschneiden. Naa, mit enn setten lange Zudelpelz rümhaarzelaafen, dos is fersch Dorf e grußmachtige Schand. In dan Gefitz, do wür e Ammisch seine Gunge suchen un net finden! Dodermiet ka mer doch bei enn Rittmaaster dr Reserve när darb auffalln un nei's Fettnappel traaten!
Ja, un wos ich noch sogn wollt: Sprach ‚Jawull, Harr Rittmaaster!', aah wenn de e ganz annere Maaning hast. Leg dich üm Himmelswilln net mit dan Vice a. Sette Leit habn allemol enn viel längern Arm! – Zeig ne dei Dienstbüchel, e neiwaschenes Schnupptüchel un dein Haarkamm, emende aah is Gewaff. – Nu zieh när emol blank! – Zieh emol raus! – Ich gelaab geleich, is Gewaff is festgerost! – Mer könnt sich doch geleich in Laad dersaafen, wenn's net esu e grauerlicher Tud wär."
Su sehr aah daar Bummermann zieht, nort dr Vürstand zieht un nort dr Bummermann un dr Vürstand mitenanner, se habn ne Trogrieme waggeruppt, brachten oder dos Seitengewaff net aus daare Schaad raus. Un derbei, esu sat dr Polezeier, wär dos is letzte Mol noch gange, glatt un wie geschmiert.
Nu habn se mit enn Kannel Petroleum neigeschütt, bis wieder ubnrauskam, un wollten die Sach erscht e wing auftaae lossen.
Un do gang aah dan Vürstand sei Letter lang wieder a: „Raim denn Tischkasten nazamm, daar Vice is dernooch un sieht aah dorten hi. Überhaupt, wos soll dä die Worschthaut naabn dr Trillerpfeif, dr Dienstvürschrift un dan gedörrten Ottergünferle? Haa bluß dos Tintenfassel net üm, un namm die vieln ogekatschten Zigarrnstumpeln raus! Die stinken doch zaah Meter gegn ne Wind!
E neier Türndrücker müßt aah na meiner Stub. Dos is doch kaa Sach net: Platzt aans de Haustür na, gieht de Tür zer Dienststub auf!" Un do war daar Bürgermaaster bei senn libbsten Thema, dos war dos vun Feierspritzenhaus, vun Bummerle un dr grußen Feierspritz.
Wos nu kam, dos hätt mer fer aane Feierwehrversammling halten

könne. Vornehaußen un innedrinne müßt raagemacht waarn, is Laab aus de Dachrinne, de Wänd okehrn, Spinnewaabn wagmachen, Staab vun dr Feierspritz okehrn, de Schlaichrolln gerode histelln. Un esu gang daar Hanf noch gut e halbe Stund noochenanner wag. Derbei hatt sich dr Bürgermaaster enn richtign ruten Kopp nageredt. Dos kam aah wunnersalten vür. Enn ruten Kopp gob's när bei ne, wenn'r e daamische Pudelmütz gefrassen hatt. Dos war aah net salten.
Dr Bummermann hot mit'n Kopp genuppt un mußt när eitel denken: Dein Bürgermaaster, dos akkurate Mannel, hot's derwaagn ganz schie agesengt. Wos'r oder aah dacht, es blub derbei: Mit dan Dünnebier gang e schauderhaftes Martirium a.
Wie dr Polezeier Bummermann of de Stroß trot, gang gerod e Fremmes innewieder. Dos Mannsen hot dan Bummermann nooch dan un genn gefrögt, wie dos esu emende när de Summerfrischer machen. Er wollt aah e paar Neiigkaaten wissen, die's esu in dr Kommu gaabn könnt. Net dos'r wüßt, sat erscht dr Bummermann, wos sollt schu in enn setten derbarmlichn Nast passiern, nort oder aah, doß sei Bürgermaaster vun Hacht gebissen wär vun waagne dan Vice Dünnebier un esu. Dan Dingerich waagn müßt'r nu schu e geschlogene Woch Tantalusquoln leiden. Er könnt när noch is Dorf durchwaabeln. Un dos is doch ka polezeilichs Rundgieh!
Wie se ben Spritzenhaus verbeikumme sogt daar: „Is wohl de Leichenhalle?" – „Wu denken Sie dä hi! Naa, dos is doch unner Feierwehrfeierspritzenhaus!"
„Das gloob ich fast nich . . . Sieht mir zu nobel aus!" Do hatt aah lang dr Bummermann ne Schlüssel aus dr Husentasch un dos gruße Tor sparrangelweit aufgemacht. Nort hot'r mit'n Knöchel of de Feierspritz gekloppt: „Dos is de größte in dr ganzen Ümgegnd. E sette hatten se bis vür zwee Gahrne noch net emol of Schwarzenbarg, wu die doch alles besser un größer hobn wölln. Do, sanne Se haar, die Schwengel sei fer acht Mann, hübn viere, drübn viere. Die quetschen fei ewos wag. Do kimmt Sprutz drauf! Wu mir auftraffen, do is dos Feier alle. – Do, probiern Se när emol, raanes Eschenholz!"
Dos mußt dan Fremme schauderhaft gefalln hobn. „Daß Sie gleich den Schlüssel zer Hand hatten, so een Zufall!" – „Kaa Zufall, guter Ma! Dos is bei uns Wachsamkaat!" Un nu kunnt daar Dingerich sich oder ewos ahärn. Nu hätt oder daar gute Bummermann

aah de Wahrit 'sogn könne. Er hatt gerod e paar Kuhhaasle hinter dan Schrank mit de Feierwehrhelmer eigestellt, wall derhaam kaa Flackel derfür war. Na, un dos Viehchzeig, un wenn's noch esu klaa is, dos will doch e wing betalfert sei un ne Tog über wenigsten seine zweemol Futter hobn. Oder dan Sparrguschendingerich braucht mer doch net alles of de Nos ze binden.
Dernooch is dr gute Polezeier Bummermann wieder gerennt un hot Wasserzinszetteln ausgetrogn, sei Seitengewaff mit Baamöl eigeriebn, denn dos Petroleum hatt geholfen. Nort hot'r is Gottsackertürle geölt, die alten Stiefeln aus'n Vürhaisel nei'n Teich gehaant, ne Bürgermaaster na seiner Tür e neies Dienstschloß gemacht, de Maulworfhübeln ben Kriegerdenkmol glattgetraaten un e paar Stangle na'n Schulgarten genahlt.
Oder fer dan Bürgermaaster war dos net när nischt, dos war überhaupt nischt. Kam ne sei Polezeier nei dr Fietschel, wußt daar geleich wieder e Letter Zeig, dos noch ze machen wär: Die Zetteln vun dr Aschlogtafel ro, die noch vun ver zwee Gahrne dra hinge, Holzlaaszetteln kontrollern oder wenigstens ewos dervu nei's Dienstbuch schreibn. Naa, kaane Naame miet, dos gibbt bluß enn Haufen Laaferei. Naa, när allgemaa, su zun Gock. Nort is aah noch die Kist vun Freibankflaasch zu raanefiern. Do derf mer net riechn, doß do emol Flaasch drinne war, geschweige Freibank!
Un wieder is daar gute Bummermann lusgesormt, hot de Kist gescheiert, Holzmauser gestellt, när ganz allgemaa un ne Papier enooch, un hot die olbere Kreidschmiererei dra dr Gottsackermauer mit Wasser, Benzinsaaf un Worzelbürscht waggewaschen, doß die dernooch wie e neie aussohch.
„Su eine gammerliche Hundsmatter“, sat dr Polezeier emol ze seiner Fraa. „Mer kimmt überhaupt nimmer zer Besinning.“ Do stand aah lang wieder daar Bürgermaaster in dr Stub: De Haazing von dr Schul lög noch of dr Stroß, zen öbern Eistieg vun Steigerturm hänget e alter Schlüpfer raus, dr üntere Bäck, daar macht ze klaane Sammeln. Un aah dos wär kaa Sach un müßt geregelt waarn: Seit ne Fabrikant Müller sei Fraa enn Hund hot, kriegn de Kinner vun Flaascher kaane Wurschtzippeln meh.
Un wie dr Polezeier wieder emol durch'n Dorf pelzt, fällt ne doch ewos ganz Schlimmes ei. Er dacht in senn Kopp: Is beste is, de läßt dein Vürstand allaane un verraast e paar Tog ze deiner Schwögern Olga in dr Zschorl. Wür die sich frahe, wenn de emol

guckt kämst. Un wenn sich daar bähmische Wind, daar Dünnepfiff e wing gelegt hot, kimmst de wieder un läßt dir die ganze Geschicht haarklaa un ganz genau dr Reih ennooch derzöhln.
Dos war eich oder fei schlimm! Wie kunnt'r när enn setten Eifohl hobn. Dos is Aufrührerei! Schlimmer noch: Landesverrot! Un ne Bummermann kam is Wasser nei de Aagn, wie er esu gedacht hot: Naa, wenn ich dir alles zutraue könnt, oder e sette Staatslumperei fei net! In dr Nut ka mer doch net aafach fortlaafen. Mer is doch schließlich waar! Als Polezeier steigt mer un do fällt mer aah mit senn Nast, annersch net!
Un esu kame net när Wolken, Sunneschei, Tog un Nacht, esu kam aah daar Datum, wu de Inspektiu über Kuttergrü herniederbrachen sollt. Un wall dos nu aah noch e Freitig war un e Dreizaahnter, do kunnt mer sich doch ausmoln, wos su e Tog brenge wür.
Dr Bürgermaaster hatt senn Neibert-Schneider-Azug a un soß frisch balbiert lang vür'n Aufstieh in dr Dienststub un hot in Akten un gescheite Bücher gelaasen. Vornedraußen trot dr Bummermann, übet dann un wann e Honneur oder is Strammstieh un machet enn Maahrerts, wenn aans verbeisappet.
Oder die Zeit loff un loff, aa Stündel nooch'n annern. Dann un wann kam emol e fremmes Gesicht dr Dorfstroß' innewieder: Hausierer, Versicheringsagenten, Summerfrischer, aah e gewisser Sandsilber, se saten, daar wär Professer, daar hätt e berühmte Eselzucht irgndwu, un er wöllt alln Leiten eireden, sich enn Esel eizestecken. Wie er emol in dr Rahsche gesat hot: „Sie sagen es mir wieder, es wird die Zeit der Esel kommen!“, do ruffet aaner dreinei: „Die habn mer lang!“ Wenn när de Leit net egal politisch würn! Dos kunnt unner Polezeier Bummermann überhaupt net verputzen. Bei setten Zeig hot'r bislang egal waggehärt, un dodermiet is'r ganz gut gefahrn. Ja, waar oder daare Beschreibing net derbei war, dos war daar Vice Dünnebier, dos gruße Staatsmalör!
Egal wieder schrier dr Bürgermaaster emol vun seiner Dienststub raus: „Sisst de wos?“ oder aah „Kimmt'r ebber itze?“ Wie oder Mittog rawar un aah lang verbei, sat dr Bürgermaaster ze seiner Fraa: „Mutter, daar gute Bummermann verhungert uns vornedraußen of dr Straße.“ – „Üm Gottes willn, daar kann nich weg von der Straße!“ Wos blub do wetter: De Bürgermaastern mußt

ne Harrn Ortspolezei mit enn Krügel Assen trogn. Un esu soß daar Bummermann of die kalten Staa vür'n Gemaa-Amt un hot Linsen mit Raacherspack gefuttert, senn Brutharrn sei Leib- un Mognfutter.

Un gerod e do kimmt ne Rudolph-Tischer sei grußer Gesell getraanelt, brennt sich e Stäbchen a un sogt: „Schinn Gruß vun menn Maaster. Dieletzt hot uns de Postfraa enn verkehrten Brief nei's Kastel gesteckt. Mer habn's egal wieder vergassen, na, un esu präsiern werd's nu aah net. Ebber gehärt er Eich aah gar net?"

Dr Bürgermaaster sohch dos Sachsenwappen of dan grünn Papierle. Do hatt'r aah lang senn Pfeifenstachel aus dr Husentasch raus. Dan Brief asaah un aufschlahzen war aans. Er hot sei Brill of dr Störr naufgeschubn un schrier zer Tür naus: „Reikumme! – Posten is eigezugn!" Un wie dr Bummermann vür senn Brutharrn de Stiefeln anenannerhaant, schreit daar: „Rührn!" Un dernooch zöhlet'r zwölf Neigrosch of's Braat. „Hul Bittern oder meinstwaagn aah Pfafferminz!" Un wall dr Bummermann noch wie agewurzelt stand, sat dr Bürgermaaster: „Na gieh när! Dr Vice war lang vurige Woch dohierde. Oder wenn de dan wieder emol is Spritzenhaus un de Feierspritz zeigst, nort hulst de dir erscht bei mir enn Passierschei. Feierspritzen sein e militärisches Objekt, un die ze besichtigen bedarf erscht dr Bewilliging, aah wenn's dr Vice is!"

Dr gruße Ochs is wag!

„Wie spöt is dä dos när, doß do aans noch esu mir nischt dir nischt na'n Loden puchen derf", sat dr Bummermann ze senn Weibsen. Er hatt sich e wing of sei Laaderkannepee higeflaamelt, hatt de gaahle Wärmkatz zwischen senn Baane, un hätt, wenn's paßt, genatzt, wenn's net gekloppt hätt.
„Wos du när egal härscht", sat de Fraa drauf. Die hot in enn Blachaamer Schöleraardäppeln gewaschen un derbei esu geklappert, doß mer denken kunnt, se hätt enn Haufen Bachstaa drinne.
Oder do puchet's lang wieder. Danmol na'n annern Loden. Do hot sich dr Bummermann sei Hus ben Bauch rüm zugeknöppt, hot dr Katz enn Schlenkerts gaabn un war aah lang nei die grußen graae Filzschuh gefahrn. „Schlarp net esu, dos gieht über die Suhln haar", hot sei Fraa gezahnelt. Oder do hot lang dr Bummermann nausgerufft: „Waar is dä daun?" Un vun draußen kam's retour: „Mir sei's!" – „Waar sei dä ‚mir'?" – „Mir sei's, kennst de dä uns net? Mir sei ne Köhler-Tav seine Kinner!" Un geleich kam's noch hinterhaar: „Harr Polezei, laut, laut! Dr gruße Ochs is wag!"
Dr Bummermann setzet erscht emol de Bandlebrill auf de Nos. Die hatt ne seinerzeit aaner aus Schwarzenbarg agedreht, e gewisser Frosch, daar maa e Patent oder enn Musterschutz drauf hätt. Se war när fersch Nahnde oder zen Laasen un esu. Er dacht all mei Tog, mit enn setten Aagngelos of dr Nos könnt mer aah enn

schärfern Verstand kriegn. Un schu ruffet's wieder vun draußen: „Sei Se genaadig, Harr Polezei, wu doch unner grußer Ochs wag is!"
Do dacht'r in senn Kopp: Wie schie dos klingt, wenn aans sogt, ‚sei se genaadig' oder ‚Harr Polezei' un net ‚Bummermann'. Oder enn grußen Ochs ze mausen, dos möcht doch wuhl net agieh. Do ka doch wuhl ewos net stimme. Dan ka mer doch net aafach esu mir nischt dir nischt mietnamme, ebber nei dr Tasch stecken, nei'n Holzkorb oder unter dr Gack drunter.
Un esu schlug ne Polezeier sei krimenalisches Herz net när höcher. Wenn's dos gibbt, an höchsten! Er straafet sei zweetgutste Polezeiergack drüber, langet nooch Mütz un Seitengewaff un nooch sei Strofbüchel. In dr Hausflur derwischet'r noch seine Stiefeln, un dos war när gut, sist wär er guttegar mit de Filzschuh lusgemacht. Ben Fortlaafen ruffet'r noch seiner Fraa retour: „Dos is mei Schicksal! Ich stieh unter Eid! In su enn Fall, do kenn ich mich salberscht nimmer wieder!" In aaner Haar wär er gerode do über senn Seitengewaff waggestolpert.
Es wär ganz schie finster gewaasen, hätt net dr zunammende Manden wie e Stall-Laterr de Gegnd beschiene. Net ebber sehr hall. Oder esu kunnt mer all die Sach e wing als Schatten derkenne. „Wu stackt ihr dä, ihr Lauser!" ruffet dr Polezeier. Er maanet dermiet die Kinner vun Köhler-Tav. Die hatten sich lang hinter senn Hosenstall verkrochen un schriern nu ze zweet lus: „Wu doch daar gruße Ochs wag is!" Dr Bummermann kunnt ne aah in dr Finster ihre Angst vun de Aagn olassen. Dernooch oder is'r extra darb aufgetraaten un hot derzu gesat: „Die Sach waarn mer geleich hobn!"
Drubn ben Köhler-Tav trot e Haufen Leit, allerhand neigierig Volk. Die habn bei dr Haustür getraaten un ofenanner neigestrieten. „Naa, naa, wenn'r dan Ochs net agehängt hatt, do derf mer de Stalltür net auflossen", dos sat e ganz Gescheiter. Dr Stimm enooch mußt dos dr Kanter sei. „Wenn su e Viehch erscht emol Land unter de Baa hot! O du Allmachtiger, du!" maahret e annerer dohaar. „Dos trampelt alles nazamm. Do blebbt kaa Staa of'n annern. Gerod esu machen dos de Elefanten. Dos waß mer doch, mer is doch aah kaa Dummer!" Daar aane oder annere hot sich emol de Baa e wing vertraaten oder hot aah nei daare aufe Stalltür gesaah, öb se sich do aah net vermacht hätten. Mer könnt sich

doch aah mannichsmol darb irrn. Emende ständ'r drinne, un die annern Kalmissen hätten's gar net weiskriegt. Is gieht fei of dr Walt mannichsmol putzig zu. Oder enn fuchzn Zantner schwaarn Ochs ka mer doch net esu lecht übersaah, aah wenn mer kaane guten Aagn hot.

Dos war eich schlimm, doppelt schlimm. Nu sucht när emol e settes Viehchel, wenn's finster is of Stroß un Fald. „Bummermann, bist du's! Nu habn mer gewunne!" habn e paar Weibsen aufgegatert, wie se ihrn Land- un Stroßenferscht wagbrachten. Un dr Köhler-Tav heilet: „Wenn'r när wenst gefrassen un gesoffen hätt. Un aah noch mit nüchtern Mogn is'r fort!"

Dr Bummermann kam darb nei dr Fietschel. Esu aafach war die Sach nu doch net, un er kratzet sich hinter de Ohrn. Er dacht, is gescheitste is, de machst dich ben Köhler-Tav nei dr Stub un nimmst erscht emol e Protokoll auf. E Protokoll hot all mei Tog noch nischt verdorbn. Un eh de die Zeign allezamm vernumme hast, ka's Morgn sei, oder die annern habn dan grußen Ochs eigefange un wieder in dr Mach. Esu e Protokoll is egal fer ewos gut.

Oder gerode e do kame zwee Gunge agebieselt un habn wie uzeitige Kälber nei daarer Nachtruh geschriern: „Dorten drübn is'r!" – „Dorten drübn stieht'r!" – „Dorten!" – „Dorten!" Un se habn in aaner Tour mit de Händ dr Stroß naufgewissen.

„Na, wos sat ich dä. Su e Sach, die waarn mer geleich hobn!" maanet nu dr gescheite Bummermann un hatt aus lauter Neigier ganz vergassen, doß'r aagntlich e Protekoll machen wollt. „Sachte naschleichn, dos is dohierde de Hauptsach! Mer muß dos esu machen, als wollt mer e Forall unter enn Staa derwischen!" Un esu kame se sachte miet na dan Flack in dr Wies, wu die Gunge egal hizeiget'n. „Net täret! Sachte! Pomaahle! Net, doß dos Viehchel derschrackt un fortschnelzen tut! – Drübn dreie, hübn dreie, un iech, üm miech braucht'r eich net ze sorgn, iech gieh, wenn's sei muß, mit gezugne Gewaff zerückgezugn in dr Mitt. Dos is de ‚Kumbenierte Prager-Kalmückenbarger Schlachtordning'! Die hot in enn setten Fall all mei Tog geholfen!" Dr Bummermann war in senn Element. „Sachte, ihr Schofköpp, ihr! Naa, net traaten bleibn. Ihr müßt wetterlaafen. Of miech braucht'r kaa Rücksicht ze namme! Ich kumm schu e nooch! Nu macht oder, dunnerlottich! Ihr schlogt doch schu Wurzeln!"

Dos war eich e Schluhz! Se habn sich allezamm salberscht enn Gan-

serich un Schofkopp gehaaßen un sich tausendmol verwünscht. Wie kunnten se när esu daamisch sei, bei aaner setten Sach is Maul aufzesparrn. Nu hatten se is Elend! Wärn se bluß dan Polezeier net of dr Hachel gange!
Daar schwarze Pobel of daarner Wies hot sich net e Mugaatel vun Flack gerührt. Daar stand dorten, wu er aabn stand. „Naa, ich gieh kenn Meter wetter! Guckt när, wie daar de Aagn verdreht! Wenn daar lusrammelt, macht daar aus uns Klußmaahl!" Un daar annere dernaabn: „Is gibbt of dr Walt nischt Schlimmersch als enn Ochs, daar sich ewos überlegt!"
„Allongs marché!" schrier nu wieder dr Bummermann hinter senn Dorfleiten haar. Un gerod, als wieder vödergieh sollt, bleket aans schauderhaft laut: „Wag, daar springt!" Un schu logn se allezamm of'n Aardsbuden un habn de Nosen nei'n Drack gesteckt, wall se dachten, dos wür an besten halfen. „Voter in Himmel, half! Mach, doß'r dorten drübn nausrammelt, wu dr Kanter liegt, daar hot kaa sette gruße Familie! Ich hob dan Ochs doch nischt geta!" – „Heilige Mutter Maria", hot dr bähmische Gust barmetiert, „daar is mer gelaab ich, of dr Hand rümgelahtscht!"
När dr Bummermann stand stacklesteif of daarner Wies. Er hot kenn Ochs gesaah, kenn, daar springt, un schu geleich gar kenn, daar enn of dr Hand rümlahtschen kunnt. Er hot sei Seitengewaff vür sich higehalten wie enn spitzign Stachel. In dr „Gartenlaube" hatt er emol e Bild gesaah. Do habn se aah esu de Viehcher niedergemacht mit enn vürgehaltene Gewaff. Dos möcht seiner Zeit of Spanie gewaasen sei, un die Mannsen mit dan Gewaff haaßet'n „Herero" oder esu!
Wie er sei Dorfvolk links un rachts in Drack liegn sohch, do hot'n dos quack geta. Itze war er emol ganz dr Polezeier, dr Dorf- un Stroßenferscht, dr Polezeier-Liebegott! Mochten se när liegn! Ebber waarn se nort nimmer esu sehr de gruße Gusch ihrn Polezeier gegnüber hobn. Statt enn Seitengewaff müßt e Polezeier enn setten Ochs mit sich führn wie annere ihrn scharfen Hund. Do käm geleich Ruh un Ordning rei dos Nast! Schlimm, schlimm! Wos sei dos heitzetog när fer Zeiten! Dos Volk gehorcht ehnder enn Ochs als enn Polezeier! Su is dos in dr Poletik in Grußen wie in enn Dorf in Klenn! Sette Hindenburgen laafn aabn überol rüm. Vergaabns, wenn's finster is!
Bei dan Gedanken is ne Polezeier dr Kamm geschwolln. Su werd

mer doch kenn Ochs Herr, doß mer de Nos nei'n Drack steckt. Un nei dan Gebarm schrier dr Bummermann: „Allongs marché!" Er hot mit senn Seitengewaff salutiert un is nort dermiet ausgestreckt vödergemacht. Un esu gang's egal nähnder of dan schwarzen Pobel zu. Un dr Bummermann sat egal vür sich haar: „Waar sich do fercht, daar is salberscht dra schuld!"

Daar schwarze Pobel hot sich überhaupt net vun Flack gerührt. Un schu kunnt mer nimmer wagkriegn, wos Bummermann un wos daar Pobel war. De Leit habn sich de Aagn zugehalten. Geleich mußt e grußmachtigs Ugelück kumme. Vürn Manden is e Wölkel waggerutscht. Un wie's wag war, soß dr Bummermann of dan schwarzen Pobel ubndrauf, of'n Safran-Kurt senn Stöckhaufen.

Er hatt oder när e Aagnblickel sei Frahd dodrüber, kunnt sich als Held feiern lossen, denn do bracht ne Köhler-Tav sei Fraa de Nochricht: „Wos'r när do haußenrümolbert, ihr Schofköpp! Dr Ochs kam vun allaane wieder un frißt in Stall ne Kinnern is Zuckerzeig aus dr Schürzentasch!"

De Leit habn bei daarer ganzen Ochs-Fangerei, wenn se dervu gestrieten habn, egal wieder ne Polezeier Bummermann beniemt, wall daar als aanziger dan Stöckhaufen fer dan Ochs ausgemacht hatt. Un doderbei hätt doch daar Stöckhaufen aabnsugut e Ochs sei könne!

Enn Gartenraiber paroli gaabn

Do sat emol de Willnaaer Fraa zen Bummermann: „Mit deiner Gartenkunst is aah net weit haar. Sieht mer nei e setts Gartel, do waß mer aah schu geleich, wos de Gelock geschlogn hot! Un deine Rübn un Mährn kast de getrost noch e Walle in Buden drinne lossen. Danne hot dr Frost nischt a. Do halten se sich an besten. Doch aah dos loß dir gesat sei ..." Hoppelhopp, is die Fraa Stück fer Stück dervagerieten, esu, als krieget se's bezohlt. Daar ihr Gusch of enn Rothausturm, un mer könnt sich is Sechselaiten dersparn.

Nu möcht mer sich doch aah net blamiern, wenn mer esu mittendrinne in Dorf senn Klaaniggarten hot, un geder, daar dra verbeisappt, waß: „Dos is ne Herrn Polezei sei Susuheli ..." Oder ze geden, daar in senn Gartel rümhaargraabelt, sogt dr Bummermann: „Ihr reißt eire Rübn und Mährn viel ze zeitig raus. Danne hot dr Frost nischt a. Do halten se sich an besten. Doch aah doß loßt eich gesat sei ..." Doderbei hot'r geta, als hätt'r all mei Tog of Gartenbau studiert un Polezeier machet'r när aus lauter Gelangel, wall's sist in dan Nast daamisch drunter un drüber gäng.

Daar oder gener mog gedacht hobn: Wenn mer dan Bummermann esu reden härt, werd's schu stimme. Su e Polezeier kimmt viel in dr Walt rümhaar, daar härt viel un daar sieht viel .... Un se habn of ihrn Herrn Polezei gehärt un ihre Rübn un Mährn noch e wing in ihrn Garten gelossen. Dr Bummermann oder wur e Stückel größer un dacht bei siech: „Reschpekt habn die Huhlkrohe derwaagn vür dr Polezei ..."
De mehrschten hatten dermiet aah Gelück. Dos Zeig in Garten drinne is zwar üm kaa Mugaatel meh gewachsen, oder viel schlachter wur'sch aah net. När unnern guten Bummermann hatt's ausgerußt! Denn wie daar nu ebber e Woch, zweea, spöter nei senn Garten kimmt, denkt'r, er muß gerodwag olber waarn. Vun daar un gener Rüb faahlet e Stückel, die un gene Mähr hatt kenn Kopp meh. Un aah sist sohch's in dan Gartel aus, als hätten zweehunnert Schofböck Pulterobnd, Himmelfahrt oder e Klassentraffen gefeiert.
Hob när emol enn Garten mittendrinne in Dorf, wie dos dra de Narven zehrt un zerrt. De hast is Gartenpfartel noch gar net zu, geleich laahnt aans dra'n Zaugn: „Wos faahlt dä deine Rübn? Sanne oder fei gar net schie aus, gerod, als hätten se de Auszehring?" – Nu sog emol als Polezeier, doß dr e Hos dei Zeig maust un de hattst's noch gar net weiskriegt. Dos wär doch genau esu, als hätt e Dokter Würmer, e Farschter nischt ze feiern oder e Schneider kenn Buden in dr Hus. Un esu hatt dr Polezeier sei gruße Stinkbusset, sat oder, doß mer denken kunnt, er hätt se net, un dos wär aah alles gar net dr Red waart: „Ich wollt bluß emol saah, öb mir in unnern Nast aah Hosen habn."
„Nu bist de wuhl fruh, doß du's waßt!" sat daar Daamisch über dan Gartenzaugn wag un is wettergeloffen. Un dr Bummermann dacht in senn Kopp: „Setts Volk derf mer überhaupt net ästemiern! Dos hot ne ganzen Kopp voller Bunnestruh un waß net emol, denn wenn's dos wüßt, wür'sch ne ganzen Tog när schreie!"
Zen Obnd, wie's lang e wing duster war un kaa Menschenseel of daarner Dorfstroß laafet, hot dr Bummermann na dos Loch vun dan Zaugn, vun dan'r dacht, do machet'n de Hosen innewieder, e Kastenfall gestellt.
E Kastenfall is ewos ganz annerschter als ebber e Bügelfall, su e Tallereisen, wu's när enn Pfatschersch gob, un waar'sch Genatzte hatt, daar hing mit'n Pfuten, Schwanz oder Kopp zwischen die Bü-

geln drinne. Su ordenär is e Kastenfall oder fei net. Se is ewos ganz annerschter! Ehnder ebber e viereckt's Loch oder esu wos. Un wenn mer do neikriecht, wall mer racht neigierig is, muß mer über enn Brückel wag. Oder eh mer esu racht rauskriegt, doß vorne e Gitter is un net wettergieht, tut's hinten enn Platzersch, un do is of aamol aah e setts Gitter. Su stackt mer mittendrinne, un wu mer aah nauswill, do gieht's net. Un dos is halt aah net schie.
Mer ka sich nort dos Viehch rausnamme, ka ne aans mit'n Knüppel of'n Kopp puchen oder die Fall mit samten Viehch nei enn Wasserfaß tauchn, un mer hot dermiet die ganze Sach derledigt. Mer ka oder aah, wenn mer kaa Polezeier is un mer dos Viehch „Mümmelmann“, „Immelmann“ oder „Waldhos“ haaßt, nei dr Höll schicken: Mer ka's nei e schie klaa Blachsargel legn, ka's schwitzen un broten lossen, bis braun un waach is un aah net is klennste Muckserle meh sogt. Un dernooch ka mer sich esu über dos Luder argern, doß mer ne ver lauter Wut Kopp un gedes Baa aanzeln wagbeißt. Dos is fei e schlimmer Tud! – Su wos is e Kastenfall! Dos gieht alles, wenn mer sist wos of daarer Walt, när net gerod e Polezeier is.
Un will mer ebber e extrafeine Kastenfall, do muß mer zen Braatenbrünner Tischer gieh. Daar hot do ein Geschick drauf! Mit dan seine Falln ka mer, wenn mer när wollt, vergaabns de Fliegn vun dr Wand wagfange. Ne Müller-Cled hatt daar emol aane gemacht, do stand vorne ben Türle dra „Herzlich willkommen!“ Un dos aah noch in rute Buchstobn! – Dos war oder aah e Fall! Die hot eich gefange! Er mußt se aus dr Warkstatt raustu, sist wärn ne de Hosen bis unter dr Hubelbank kumme! Hatt daar die Fall aufgestellt, troten zaah, zwölf Hosen dervür un habn gewart, bis se drawarn un nei durften. Un wär daar daamische Koch-Helm seinerzeit net mit enn Letterwogn voller Stöckholz drüberwaggefahren, wär die Kastenfall heit noch dr Staatsschrack fer alles Viehchzeig weit un braat in ganzen Land.
Wie dr Polezeier ne annern Tog vürn Aufstieh vun die annern Leit die Fall kontrolliert, is ewos Labandigs drinne. Un wall de Luft guttegar raa war, macht'r, wos hast de, wos kast de, mit dan Holzkasten üm dr Hauseck nüm un zer Hintertür nei.
„Fraa, ich hob ne derwischt dan Rübn-, Mährn- und Gartenzeigmauser!“ Un dr Bummermann trot bei dr Hintertür, hatt de rachte Hand zwischen dritten un vierten Knopp nei dr Gack geschubn

un ne linken Fuß of dr Fall gestellt. Gerod esu habn sich allmeitog de Löbn-, Baarn- un annere Viehchzeiggaager ofotegrafiern lossen. Dos Viehch in daarer Kist is hi- un haargerammelt. Oder dr Bummermann sat när: „Un wenn de noch esu sehr wannigst, mit enn Polezeier, daar Bummermann haaßt, ka mer, wenn's gut gieht, enn Doppelkopp machen oder aah sist noch ewos, när alegn tut mer sich mit dan net! Wu daar neifunkt, do dunnert's!"

„Dos Viehch frass mer!" schrier de Fraa, lang wie se daarer Trepp runtergeschossen kam. „Dos is e Lust! – Dos Viehch kimmt nei dr Pfann! – Do werscht de oder emol knaipeln, mei guter Bummermann!"

Oder dos hätt de Fraa fei net sogn derfen! Wenigstens net zu enn Bummermann! E Polezeier ka sist wos tu un lossen, daar ka ver Gelangel starbn, ka Grindle of'n Kopp oder sist wos hobn, oder e Stückel Viehch durch dr Pfann treibn, dos macht daar überhaupt net.

„Suwos ka höchstens e Galaunehund. Unneraaner is schließlich dr Polezeier of'n Dorf, un dos will wos haaßen!"

„Ich quiek Feier!" schrier do sei Fraa. „Mir machen emol e rachtes Laabnschie"!

„Un net!" sat nu wieder dr Polezeier. Dr schennste Spuk war fartig.

„Un gerod! Mir habn doch dos Viehch erscht mit unnere Rübn un Mährn derhöhgefüttert!"

Dr Bummermann dacht: E grössersch Ugelück kunnt dir aah net passiern! Hättst de lieber nischt gefange! Pfeif of die paar Rübn un Mährn! – Oder, esu ganz uracht hatt nu sei Fraa aah wieder net. Dos is doch net gewildert, wenn mer sich e Stückel Viehch rafüttert ... Wenn's dodrauf akäm, könnt mer doch überhaupt nischt meh schlachten, un geder Bissen müßt enn in Hals stackenbleibn!

„Dos waß doch kaa Mensch, ob ewos in daarer Kist war oder net. Un heit zen Obnd stelln mer'sche wieder naus", sogt nu de Fraa un zuppet ne e paar Faaserle vun senn ogeschieferten Polezeierrock. „Mir tunne, als müßt mer wetter fange, un machen derwalle unner Laabnschie!" Do hatt se aah lang ihrn Ma enn Holzknüppel nei dr Hand gaabn. Dodermiet hot se sist de Wäsch aus'n Waschkessel gefischt. „Schlog zu, wenn ich's Türle aufzieh!" Un do wär'sch aah lang geschaah!

Daar Schieber huch! Dr Bummermann zuschlogn! Dos war alles aans! Bluß dos Viehch hatt'r net derwischt. Dos war esu geschwind aus dan Kasten raus, doß'r net emol derkenne kunnt, wos dos aagntlich fer e Pobel war. Un do schrier aah lang de Fraa: „Du Kalmis, du grußmachtiger, du!" Ze alln Ugelück war daar aah noch die Kist aus dr Hand un of de Füß gefalln.
Oder dos Viehch war nimmer ze saah. Dos schmieret ne Kopp ben Bummermann na'n Husenbaa un schnurret ver lauter Frahd un Wiedersaah.
Seit daarer Zeit hatt ne Bummermann sei Katz, de graae Hulda, is ewige Laabn: Se hatt ne ver dr Wilderei bewahrt! Dos war fer ne meh, als hätt se fünfezwanzig fette Mais gefange un gefrassen!
Ob daar Rübn-, Mährn- und Gartenzeigmauser noch öfter nei'n Bummermann senn Garten kam, waß kaans ze sogn, denn daar hatt die paar Rübn- un Mährnstumpeln rausgeta un hatt aus senn Garten de Sahara gemacht. Un dos waß geds Kind: Do war guttegar nischt ze arbn!

Dr Bummermann un sei Stuppelhah

Merket unner Polezeier Bummermann ewos derva, doß bei dan oder genn Bauer Stuppelhah waarn söllt, geleich war er strößig un hatt egal ewos in dr Nähnd ze tu, hatt de Hausnummern ze kontrolliern, de Stroßengröbn auszemassen oder sist wos ze tu. Wenn nort de Leit vun Fald ehaamkame un de Asserei gang lus, trot'r in dr Stubntür un soget: „Osse, ihr aßt wuhl gar ebber? Do will ich fei net stärn. Ich wart haußen of dr Gartenbank, bis'r fartig seid."

Geleich haaßet's: „Nu hä ebber, Harr Polezeier ..." Un de Bauerschfraa soget: „Se waarn uns doch dos net atu wolln un auf- un dervalaafen. Setzen Se sich när geleich do mit ra", un se rutschet mit ihrn Aßzeig of dr Ufenbank nüm, domit dr Harr Polezei na Schüssel un Taller kunnt. Er hot sich lang de Lipp gelackt, ne Bart nooch ubn gestrichen un astandshalber sei Vaarschel haargesat: „Oder hä ebber, wie kumm iech dä zu daarner huchn Ehr. Hätten Se's när gelossen ..." Un do war er aah lang über Kließ un Flaasch drüberhaargefalln.

Su hot daar Bummermann an mannichn schinn Tog e dutzendmol gassen un dermiet sei Polezeidienstzeit verbracht. Doderbei war daar seit eh un ge e starker Asser. Unter acht Kließ hätt daar gar net erscht is Gewaff ogeschnallt un mit assen agefange.
Wie er dacht, ben Brückner-Lobdahnel müßt nu ball dr Stuppelhah miet waarn, e richtiger Polezeier hot e Nos, scharf wie alter Kaas, dan gieht nischt, aah überhaupt nischt durch de Lappen, do trot'r ben öbern Hydrant rüm, hot egal emol auf-, nort wieder zugedreht, als dächt'r, statt Wasser müßt emol miet Pfafferminz kumme. Pfafferminz war ne Bummermann sei ganz Laabn! Fer Pfafferminz hätt'r enn ganzen Choral allaa gesunge. Do schreit de Brückner-Lobdahneln aus'n Wäschgartel raus: „Aafalt, spiel när net esu dra dan Wasserstock! Kumm of e Mugaatel rei un fang mer emol dan graagezschiebelten Rassehah, daar dorten of dan Hackstock sitzt! Daar söll durch dr Pfann schwimme, wenn de Aardäppelraustuer ehaamkumme!"
Dr Bummermann hot senn Hydrantenschlüssel waggesteckt un war aah lang zer Stell. „Wu is dä daar Hah, dan mach ich kalt, dan Teifelsbroten!" soget'r. Doch daar soß unnerdassen bei daarer schinn Mittogssunn of'n Wasserhaisel un wollt gerod e wing racht schie natzen. Mannichsmol hot'r e wing mit de Flügeln geschlögelt oder de Aagn verdreht.
„Er möcht erscht emol runter vun senn Thron", soget dr Bummermann, un er wollt sei Polezeiermütz dernooch haane. Die oder krieget wie e Segelflieger enn Ünterwind un sormet in enn schinn grußen Bugn quaar durch dan Garten gerode bis dortenhi, wu de Katz ben Frassen war. Die derschrok net garschtig über dan aafaltign grußen Vugel, machet enn Schnelzersch zwischen de Hühner nei, doß die när esu ausennannergestöbert sei.
Wie oder dr Bummermann sei Mütz wiederhatt, do war daar graagezschiebelte Rassehah wie waggeblosen. Dos bracht de Brückner-Lobdahneln daamisch nei dr Rahsche. Dr Bummermann wollt se e wing besänftign: „Emende braucht's aah gar kaa Hah ze sei. Iech fer mei Taal bi meh of'r Henn ogericht, un in dr Pfann do is suwiesu alles aans . . ."
Dos hätt'r zer Brückner-Lobdahneln fei net sogn solln. Grußer Schrack! E Hah wär e Hah, un e Henn wär e Henn! Un wenn's e Hah sei söllt, do könnt's aabn kaa Henn sei. Dos hänget mit daarer Eierlegerei nazamm. Doderbei is se rut ageloffen un hot sich ball

enn Schoden geta. Se habn sich nu mitenanner de Aagn ball ausgekegelt. Dos ganze Hühnergelaus war insoot, aah e weißer Hah, oder daar gezschiebelte, daar war wie waggeblosen.
Do! Mer sollt's fei net denken, steigt daar nischtnützige Ugarb durch'n Huf, als wär überhaupt nischt gewaasen. Dos is unnern Dorf- un Stroßenferscht Bummermann fei daamisch na de Niern gange. Er machet enn Floch, haanet de Mütz, un die aah genau of dan Hah. Zer Bauerschfraa schreiet'r: „Su hierde fängt mer enn Hah!" un schmeißt sich hi, üm ne eizesacken. Doch su e Hah is aah net vun gestern. Daar macht enn gaahlinge Fatzersch, un dr Bummermann hatt freilich sei Mütz, meh oder aah net. Daar Hah brockenieret seelnruhig über dan Huf wag.
Nu war dr Bummermann raanewag wie versassen of dos Luder. „Daar oder kaaner!" dacht'r un war aah lang wieder hinter ne haar. Doch su e Hah hot aah senn Kopp, aah wenn'r ebber net riesengruß is! Unnerer dohierde loff erscht egal lauter un lauter, un wie dr Bummermann weit soot ra war, machet dos Rassehaahnel de Flügele braat un gang aah schu wie e Adler in dr Luft un floch über dan Huf wag bis nauf of dan Störzel vun Birnbaam, daar vürn Haus war.
Nu soß daar gruße graae Pobel dorten drubn, hot vür sich higelarbert un menn schinn Bummermann Bummermann sei lossen. Daar trot drunten, gappset nooch Luft, war in senn Azug ganz verwürcht un vollgeschmiert mit Hühnerdrack. „Kumm runter, du Stöppel, sist dreh ich dir dein Kopp nooch hinten!" Daar Hah oder hot wieder de Aagn esu verdreht, als mocht'r e Natzerle machen. „Kimmst de runter, du Stöppel, du, ich mach aus dir Hackflaasch!"
Do is de Lobdahneln nei's Haus geschossen un hot geheilt. Wie ka sich e Mensch bluß esu dumm astelln! Se wollt mit dan Haahnel ne Aardäppelraustuern e schiene Frahd machen. Nu soß dos Luder, dos ball waach sei söllt, of'n Birnbaam drubn un machet sich sei Lust.
Do hot sich dr Bummermann aus'n Staab gemacht. Bein Brückner-Lobdahnel war heit nischt mit Knaipeln!
Wie oder de Aardäppelleit in dr Nacht ehaam sei, soß daar schwarze Pobel egal noch of dan Baam. Un wall se e wing laut gewaasen sei, hot daar Hah aah noch ganz garschtig laut geschriern un de Nachberschleit aufgeweckt.

Is ka doch net geder of dr Stroß rümsinge

„Sackerwunne! – Sackerwunne!“ sat dr Polezeier Bummermann andauernd vür sich hi un mußt sich derbei ne Hinterkopp kratzen. Gerod hatt ne sei Brutharr, dr Bürgermaaster, die Ordre gaabn, dosmol daarer daamischen Aardäppelkuchnsingerei ne Garaus mit Stump un Stiel ze machen.

Nu wos machst'n, wenn de ne Dorf naufläfst un e do oder e dorten kimmt e Düftel nooch neibackene Kuchn dohaargezugn, doß de salberscht enn grußen Gelangel krist un dir wie Singe werd? Un wenn's ebber zwee, drei Singdingerichn überfällt un se schallern e Liedel lus, su e Liedel aus voller Lust und Brust! Wos machst'n do? Un die singe nort emende aah noch racht schie wie e Rutkaat, wie e Schwarzblattel oder wie e Ammisch, singe de „Waldeslust“, „Ne Wilddieb“ oder „De alte deitsche Trei“! Un gerod e do sollst de eifahrn un neifahrn?

Un wie dr Bummermann noch emol ben Bürgermaaster e wing nafrögt, öb'r sich dä aah net verhärt hätt, un öb dä aah dr Harr Vürstand bei volle Verstisstemiech gewaasen wär, wie er dos mit daarner Verbieterei gesat hot, werd daar bies wie e hungriger Flaascherhund un schreit wie olber: „Dos blebbt derbei! Waar waagn Kuchn oder aus annern Aloß of dr Stroß rümsingt, rümschallert, rümträllert, waar Ruh un Ordning vun enn friedfartign Dorf mit de Füß tritt, werd uhne Asaah vun Stand, Geschlacht oder Persu na's Aschlogbraat geschriebn. Is dos noch e Sach: Die Bauern könne sich doch gar nimmer retten. Waar halbnwaags denkt, er ka e wing brumme, stellt sich bei enn Vürhaisel hi un läßt sich fer dan Schluhz aah noch auszohln. Dos is Battelei in höchster Grade! Su is schu richtig: In dr Kirch Husenknöpp eilegn un dan Bauerschleiten ne Kuchn wagfrassen. Bummermann, dos sei die Leit, die ne König fortgewischt habn. Un wenn mer net aufpassen, machen se's genau esu mit uns! Waarn saah, öb mer die Landplog luswaarn! Mir sei doch waar!"

Do hot dr Bummermann e Flemm gezugn. Un eh daar tärete Bürgermaaster noch wetter setts olbersch Zeig rausschmeißen kunnt, gang dr Polezeier seine Gäng.

Genn Obnd is dr Bummermann dreimol ne Dorf innewieder. E paar Hünd habn rümgewinselt, e Koter hot mit enn Kietzel sei Lust gemacht, un dr Seffen-Dav hot wieder emol seiner Fraa de Haar nagesteckt, doß mer gedes Wort verstieh kunnt. Dos war oder aah e alts Maahrfaß. Wos fer e Ma läßt'n sich dos bieten? Wenn'r ehaamkimmt, möcht is Assen of'n Tisch stieh. Annerschter net! Oder do kimmt die aus dr Nachberschaft gehuscht un tut esu, als hätt's überhaupt nischt. Dos is doch kaa Sach net. Do muß doch aaner emol lausig waarn! – Sist war oder nischt. Un schu gar nischt war mit daarer Kuchnsingerei. Dos war ne Bummermann racht un aah net! Aar hot nirgndwu gesunge. Wu oder gebacken wur, war er insoot. Un wu er insoot war, fuhl aah sei Straafel Kuchn mit o.

Wie er oder gegn zahne noch emol durch'n Dorf muß, wall'r vergassen hatt, is Spritzenhaus zuzesparrn, trällern do net e paar sette Gestecker dra dr Gottsackermauer rüm? Un die singe, gauchzn un schluchzn wie e paar tollwutnete Nachtegalln. Hatten die e paar Pudelmützen gefrassen! Grußer Schrack! Die warn esu gruß, doß se bis nauf zen Himmel lange kunnten! Die hinge dra daarner Gottsackermauer un hatten Pfützen unter sich, esu gruß, wie dr Klaane un dr Gruße Krannichsee nazammgenumme.

Dos war fern Bummermann is rachte Frassen. Er wur scharf wie e Balbiermasser, dr Singerei emende waagn net esu sehr wie waagn die schauderhaft grußen Pfützen. Friert's daarner Nacht, werd dorten de schennste Eiszschinner. Un derbei liegt dr nächste Sand drunten ben Schmied-Kar. Lästert när emol zwee, drei Laafkarrn oder Schlieten daarner Dorfstroß noochenanner nauf, wie enn do dr Schwaaß unter dr Mütz vürläft un mer schnappt nooch dr Luft wie e Karpen.

Un schu war daar gute Bummermann bei dan singwutnet'n Volk, gucket e Mugaatel zu un hatt aah lang ne erschten besten Sau- un Singigel in dr Mach. „Do, saah haar! – Waar sei dä die ebber?", esu hot dr Bummermann in senn Kopp gedacht. Derschrackt net: Dr Sparkassenschreiber, dos war daar aane. Oder die Parade werd noch schenner: dr Schenkwirt, dos war daar annere, nort war noch dr Farschter derbei, un, wos is Faß erscht orndtlich rund macht, ne Bummermann sei schiener Brutharr, dr Bürgermaaster!

„Bummermann! Sauluder! Saufbruder erschter Grade! Kumm, gubel aans aus voller Kaahl miet! Hinter daarner Mauer liegt unner Zuchtfreind Zschiebel, daar werd lauschen, wenn'r uns esu schie gubeln härt! Daar werd denken, sei Hah sitzt of dan Maierle un macht ne Kumplemanter! Kumm, Bummermann, un zschiebel ne Gubel aans! Daar mocht ne Pfafferminz esu sehr gern. Net dan dunkelgrünn, dan net! Dan fer aanezwanzig Pfeng! Grußer Schrack, emende is'r gar dra gestorbn!"

Un do gang dos Lied aah lang wieder lus:

„Geboden werd heit net!
Mir machen lieber dracket uns ze Bett . . ."

Un do fung aah geleich dr Farschter miet ze orgeln a. Daar hatt e Stimm wie e Achtznender:

„Mariechen, mach mir Nudelsupp!
Mir troppt de Nas! Ich han de Schnupp!"

Wu daar haarstammt, wußt kaa Mensch. Dorten, wu mir „hob" sogn, sat daar „han". Un geleich hatt'r senn Name. Er war allmeitog när dr Han-Farschter. Bluß härn durft er'sch net. Waar ze ne emol aus Versaah „Herr Han" sat, daar kunnt bei labandign Leib derfriern, kaa Stackele Holz hätt'r kriegt.

Do hot sich dr Bummermann of sei Missiu besunne. Un schu hot'r gammerlich laut nei daarner Nacht geschriern: „Eigehalten! – Maul gehalten! – Nu trapp ze Bett!"

Oder dos Volk dacht dra alles in dr Walt, när net ebber do dra, of enn Polezeier seiner Bläkerei ze härn. Un dr Bürgermaaster maanet gar ebber, dr Bummermann machet sich enn Spaß, haat ne in ennfort of daarner Polezeiermütz un schreit:

„Nu härt eich När dan Schafskopp an!
Der Schafskopp is der Bummermann!"

Dos war Zündelei of'n Heibuden. Geleich kunnt's lichterluh brenne! Erscht wollt dr Polezeier su grub waarn wie sechs Staabracher nooch achtzn Schnäps. Nort oder dacht'r geleich wieder in senn Kopp: „Die sei geloden wie de Haubitzen! Do gaakelt mer net mit Lichtle rüm! Mit enn setten Volk macht mer sich an besten überhaupt net voll!" Su hot'r sei Mütz gerodgesetzt, is vödergetraaten un hot die Saufbrüder links liegngelossen, als wärn se überhaupt net do.
Ne annern Tog soß dr Bürgermaaster in seiner Dienststub un hatt enn Nischel dra, gruß wie e Kuhschaffel un schwaar wie de Greifenstaa. Wos mocht'n bluß akumme sei, doß'r ausgerachent ne Polezeier Bummermann nooch dr Kuchnsingerei frögt. „Is lang e wing sette Kundschaft eigetroffen?"
Do haant dr Bummermann de Füß nazamm, reißt de Hand na dr Mütz un belfert aah lang lus: „Vier sette Trällerbrüder hob ich ze Buch. Die könne na's Aschlogbraat!" Un dr Bürgermaaster haant de Faust of'n Tisch drauf, doß is Tintennappel huppt un zittert un sogt: „Uhne Asaah dr Persu! Die kumme mit Naame un Hausnummer na dr Aschlogtafel! – Gabb dos Zetteldíng do haar!"
Oder mit enn Mol do wur daar Bürgermaaster grailich, besieht sich dan Zettel noch emol un schreit aah schu senn Polezeier a: „Wos soll dä dos ebber sei?"
„Dos sei se, die Bläkränzen, die heit in dr Nacht dra daarer Gottsackermauer rümhaargesunge habn!"
Schlimm, schlimm, möcht mer sogn. Dr Bürgermaaster kunnt sich of nischt besinne. Die verfluchten Pelzmützen allemol nooch daarner Hausbesitzerversammling. Do is oder aah e Aanigkaat! Halten die nazamm!
Oder gerod e do kam ne e Eifohl! Er sat zun Polezeier: „Mir wollten doch bluß emol saah, öb de of'n Damm bist! Sozusogn de Hauptprub! Dos war gestern! Vun heit wag gieht's scharf!" Un derbei hot daar Bürgermaaster dan Zettel nazammgeworschtelt un nei dan grußen Spaakorb gehaant, daar bis ubn na voller Feierholz fer dr Dienststub war.

Do sat dr Bummermann: „Ich bi aah derfür. Mer machen dos mit die Naame aah esu. Die hänge mer na's Braat, aah När zer Prub suzesogn ... Wölln mer emol saah, öb's de Leit aah laasen tunne. Vun morgn wag machen mer scharf, do gilt's!"
Dos hot dan Bürgermaaster enn daamischen Rieß gaabn. Er hot sich of dr Lipp rümgebissen wie e klaaner Gung, daar ewos sogn wollt, dan oder nischt eigefalln is. Oder nu war ne ewos eigefalln: „Wall mir doch allmeitog Duzfreind erschter Grade sei, de kast dr bei mir zwee überlaae Kuhhaasle huln. Willst de ebber weiße, graae oder vun die Gaahlsilber e Paarle?"
Dos hot dan Bummermann quack geta: „Ich wußt aah gar nimmer", esu sat'r, „waar of dan Zettel esu drauf gestanden is ..."

Dr Wald, daar hot viel tausend Baamer

„Bummermann", sat dan Mol dr Bürgermaaster vun Kuttergrü ze seiner Polezei, „saah dir ne Himmel a! – Na, wos sist de dä do?"
„Saah tu ich ne net, oder riechn tu ich enn Schnee", sat do drauf dr Dorf- un Stroßenferscht un hot sich derbei sei Polezeierhus raufgezugn. De Husentraager warn ze lang oder ausgeleiert, denn dos

Husenzeig hung ne egal zaah Zentemeter tiffer als dos astandshalber hänge durft.

„Genau esu is dos, Polezeier. Un wos kimmt do, mit Verlaab ze frögn? Nu sog mer bluß üm Gottes willn ebber net Winterwatter oder Schnee! Mit dan enn wie mit dan annern müssen mer uns ofinden. De Huchzeit kimmt, de Huchzeit fer de Spitzbubn. Ich denk, de hast salberscht mietkriegt, wie ich bei ‚Huch' aah de Stimm agehubn hob. Un wenn mir do net durchgreifen, maust uns dos niedertrachtige Volk, de Arbetslusen vorndra, die habn doch sist wetter nischt ze tu, dan schinn Gemaa- un ne zammsten Staatsforscht vür dr Haustür wag. Wollt sich do ne Summer e Vögele, vun Fliegn müd, of e Astel draufsetzen, fuhls runter nei'n Drack, wall's zammsten Baam gemaust war. Do werd fei nischt, do werd überhaupt nischt draus, su wahr ich dr Bürgermaaster vun Kuttergrü bi! – Gisst nauf ben Farschter, Dunnerlottich, hot daar e schie Weibsen, esu straff is bei daar alles, die is gut beienanner. Alsu, wu war ich geleich stiehgebliebn? Ach su, gisst nauf ben Farschter un hulst dr Ordere. Un nort machst de lus: Drauf auf die christlichn Baammauser, auf die Christbaammauser.

Wos müssen dos bluß fer Ausbünd sei, die vergaabns enn Christbaam mausen? Waar kenn Zettel vun Farschter hot, hot gemaust, un daar werd uhne mit dr Wimper ze zucken hart ogestroft. Daar werd niedergeruppt un nei'n Drack getraaten, daar werd ausgeschlacht wie e weißer Wiener, dan zeign mer de Zäh, doß ne de Gänshaut überläft. De bessern Leit bezohln e paar Märker nei dr Armekasse, do kumme se net drümrüm. Oder die annern, die hacken hunnert Pflanzlöcher in Kommuwald oder müssen ne Dorfbach raanefiern, de alten Ufenrohr un Kinnerkutschen rausfischen.

In Baarnstaa mußten se fer enn Christbaammausen dreimol Leich trogn! Un in Staadtel erscht, dos warn ganz ausgekochte Hund, do mußten se fer enn gemausten Christbaam sechsmol ne Paster sei Predigt ahärn. Ver zwee Gahrne soll do de Kirch gar net zugelangt hobn, enn setten Gewinn bracht dos Geschäft. Un dr Polezeier mußt geden Sunntig strößig sei un mußt naabn dan Name in senn Büchel e Strichel machen. Do hot aah mannich aaner enn Strich kriegt, daar gar kenn Christbaam gemaust hat. Is schennste oder war, wall die Kirch aah e Tür zen Gottsacker zu hatt, dr Polezeier mußt allemol drinne sitzen un aah noch derbei de Predigt ahärn. Daaretwaagn wär dan ihr Polezeier in aaner Haar karthulisch worn. Nu horcht eich när eitel de Predigt a! Bis die allezamm ihre sechs Mol ogesassen hatten, mußt dr Polezeier net weniger als vierezwanzig Mol Sunntig-Vürmittig-Aufschreibdienst mit Predigthärn versaah un doderbei allemol dann zun Paster naufnuppen, domit'r an irgnd aaner Stell dos vun dan Christbaammausen e wing miet neischmiern kunnt nei sei Predigt vun Golgatha, arme Lazerus, vun dr Hochzig vun Kana oder vun dr Predigt dran Ölbarg.

Bummermann, wos schwaafel ich dohaar! Oder esu is dos. Wenn mer nei's Latschen kimmt, nort härt mer nimmer auf. Ich waß oder aah viel. Nu, mer kimmt doch in dr Walt rüm. Kumme mer wieder zerück, ze daarner Sach:

Machst dich itze geleich of de Socken un gisst nauf in Forschthaus un verlangst ne Harrn Farschter Wüstling persona. Knöpp vornewag de Knöpp zu, aah ubn ben Hals rüm, un unten bei dr Hus. Putz dr noch emol de Nos, domit kaane Troppen drahänge. Mer möcht sprachen wie dr öbere Bäck: Dr schennste Taag is Schluhz, wenn enn de Nos neitroppt. Klingel net ze darb, doß de Hünd un de Fraa vun Farschter net derschracken. Grüß freindlich un akkerat, aah vun mir, besunnersch de Fraa vun Farschter, dos is oder aah waß Gott e schie Weibsen. Die sieht mer orndtlich gern a. Namm de Mütz ro, sist könnt aans denken, de hättst gunge Taubn drunterstacken. Do, namm dr Fraa vun Farschter fünf frische Eier miet, extra gruße, sogst, se wärn vun mir un salberscht gelegt. Un steckst ihr'sche zu, wenn's dr Wüstling net gewahr werd. Mer waß net: Su e Mensch hot öfter e scharf geloden Gewehr bei sich.

Su, hattst de noch ewos ze frögn? Wenn net, halt mer uns net länger auf. Kumm mer oder hinterhaar net, de hättst dos aane oder annere när halb begriffen un esu!"

Un nu is daar gute Bummermann ne Dorf noochenanner naufgewechelt un hatt derbei wieder emol, wie esu oft, sei grußmachtige Dammig- un Fatzenbusset. Dos Geschäft hot ne überhaupt net agestanden. Egal neie Moden. Wos sich daar Wüstling när esu alles nei senn Kopp fallen läßt. Wenn esu scharf neigehalten werd, wie sollt er do salberscht ze senn Christbaam kumme? Un doderbei hatt'r ne sich lang draußen in Wald rausgesucht. Su wos macht mer in Summer, wenn de Sunn Blosen zieht. Do hot mer Zeit un Adacht derzu. Do ka mer sich enn setten Baam vun alle Seiten begaafern un de Astle dr Reih ennooch mit dr Schmieg ausmassen.

Un domit mer ne aah in Winter findt, bindt mer e Kranzel aus e paar Schmöhln na. Oder fei net na dan Baam, dan mer sich reitu will! Enn dernaabn oder esu. Vür e paar Gahrne wollt ne aaner zevürkumme un hatt ne geleich nooch'n erschten Advent waggeschnieten. Doderbei war dos e Kragel, denn sei Baamel stand noch, oder wie gesat dernaabn.

Dr Farschter hatt ne noch emol daamisch in dr Mach un hot ne allerhand Zeig eigetrichter, un aah dos miet: Jedermann, ohne Ansehn von Geschlechte, Alter un Person, daar een Weihnachtsboom bei sich führt, nach eenen Boomzettel zu frögn un sich ihn vorweisen zu lassen. Un waar eenen „han“, mit „Vergelt's Gott“ oder „Glückliche Feiertage“ seiner Wege ziehen zu lassen. De Boom-, Staatsforst- un Kommuwaldfrevler oder in een Faszikel zu erfassen un dan Staatsfiskus zur Aburteelung ze übergebn.

Un derwalle dr Harr Farschter de Strickgack aus dr Kammer huln mußt, hot dr Polezeier Bummermann dan Weibsen geschwind die fünf Eier nei dr Schürzentasch gesteckt. Do is dos Weibsen e wing in dr Höh gehuppt un hot halblaut geruft, dos sollt doch aah när dr Polezeier härn: „Iih, Herr Schandarme, Se sinn mer aber e Schwerenöter!“ Un schu war'sche mit ihre Eier zer Küch nei.

Nort is dr Farschter mit unnern guten Bummermann hintennaus un hot ne de zweehunnert Weihnachtsbaam gezeigt, die ringsümhaar dra'n Gartenzaugn troten. „Da, sehn Se here, wenn Se daddervon eenen treffen, könn Se beruhigt sinn. Die sinn redlich gekooft un nich entwendet. Dassertwaagn brauchen Se weeß Gottchen kennen Ofloof ze machen.“

Sackerwunne, war eich dos wieder e Hundsmatter. Geden Tog mußt mer of dr Ratt spanne, de Stroß strahe, Zirkelarer trogn, nort wieder emol bei dr Bürgermaastern miet neispanne un wos net noch alles esu. „Unneraaner is doch aah bluß e Mensch. Un dr Tog hot aabn när vierezwanzig Stunden.“ Dr Bummermann is früh, mittogs un obnds durch'n Dorf gestrichen, hot hinter de Hausecken gelauert oder is nei de Straicher gekrochen. Kam aans dr Finster ne Dorf ro, hot'r lang de Nos gehubn, als könnt'r enn gemausten Christbaum riechn. Un hatt'r endlich emol enn, daar mit enn setten Baamel durch'n Dorf gestraißelt is, un er hätt Gloria singe mögn, blub ne is Gubellied in dr Kaahl stacken, denn dos feine Mannel lachet ne freindlich a, bracht enn zerwurschtelten Zettel aus dr Galdbärsch mit enn Hirschgeweihstempel drauf.

Dann soget dr Bummermann: „Vergalt's Gott!" oder aah „Nu do gesegnete Feiertög!", machet e Honneur un losset dan Dingerich laafen. Dos warn alles Leit, die überhaupt net verstieh kunnten, doß mer enn Christbaam maust. Bei enn gemausten Christbaam kehrt doch kaa Heiland ei.
Dos hot fei dan Bummermann garschtig gewurmt, doß in senn Nast nimmer gemaust werd. Er kam sich vür wie aaner, daar Fliegn fange wollt oder egal när is Laare derwischet. Sollten sich dä heitzetog de Sitten esu geluckert hobn, doß sich de Leit ihre Baamer wirklich kaafen? – Zeiten sei dos!
Wie Weihnachten rawar, mer getraut sich's ball net ze sogn, standen ben Farschter hunnertsiebneneinzig Baam, un aaner mit'r ogebrochene Spitz. Un dos vun zweehunnert!
Wie dos wettergieht, dos ka mer sich doch ausmoln, do braucht mer kaa Prophet ze sei. Dr Farschter rucket mit seiner Wut in Bauch zen Bürgermaaster un machet enn Heidenspektakel, gerod als wenn daar dra schuld wär, doß de Leit kaane Baamer gekaaft hatten.
„Bummermann, Schlofmütz!" schrier ne sei Bürgermaaster a. „Wieviel hast du Bürger waagn daar Hinwegbringung vun christlichen Baamern gekontrollert?"
Dr Polezeier war sich kaaner Schuld bewußt. Er reißet de Stiefeln nazamm, machet e Honneur un schrier genau esu laut: „Nu, emende sachzig waarn's gewaasen sei, Harr un Bürgermaaster!"
„Ja, Mann Gottes, hatten die denn ihr amtliches Dokumente? Ich meene eenen amtlichen Zettel, eenen mit eenen Stempel daruff un eso?" schrier dr Farschter dreinei, daar in dan Aagnblick net när Wüstling haaßet, vielmeh aah e Wüstling war.
„Dan hatten die, un wos fer enn! Un wall's ne hatten, hob ich se in Ehrn dr Stroß entlang passiern lossen. Aah enn schinn Gruß hob ich ne noch gesat. Do kenn ich fei nischt."
„Un wer hat die Zettelchen ausgestellt und wann denne bloß?"
„Nu oder Harr Forschtgebieter, dodernooch sollt ich doch gar net saah. Un wos ich net soll, dos derf ich net, un dos mach ich net!"
„Sie Schafskopp", donnret nu dos Mannel lus. „Sie Riesenschafskopp vun eenen Schandarme! Da habn ihnen die Leute ne Pilz- un Beerenschein vorgewissen. Un ich wundre mich, daß unsere Forstabteilung achtunddreißig so aussiet, als hätte se Mottennester!"

Un esu kam's, doß se in Kuttergrü sattigsmol fer ganze zwee Mark vierzig, hunnertachtezwanzig Weihnachtsbaamer aufgestellt hatten, uhne doß ne aans ewos ahobn kunnt oder aah, doß ne Bummermann un ne Bürgermaaster sei Baamel draußen in Wald blub, un dos uhne Lichter. Wirklich schod üm die zwee Baamle!

Un bei daar Gelätt aah noch de Dorfstroß strahe

Dr Bummermann war all mei Tog e vertraaglicher Mensch. Un hätt's in Dorf e Heilsarmee gaabn, hätt'r wenn's paßt aah dorten e Scharch gehatt. Er kunnt alles in dr Walt verputzen, gaahle Blume, falsche Zäh un verwiemerts Stöckholz, dos hot ne überhaupt net gestärt. Oder aans fei net, dos war, wenn's ebber über Tog e wing geflaamelt hot. Gegn's Schneie hatt'r nischt, oder gegn dos Geflaamel, wos net Fisch un net Flaasch war, dodergegn hatt'r ewos. Er sat egal, dos wär gerod esu, als wollt aaner e reicher Ma sei un hätt kaane Pfeng derzu.

Gang de Flaamelei lus, do hatt'r sei riesengruße Wut, sei Staatswut! Un waar dos gewahr wur, daar gang an besten ne Polezeier aus'n Waag, machet enn riesengrußen Bugn üm ne nüm, gerod als

hätt'r de schwarzen Blattern. Un worüm dos alles? Hot's übern Tog wag e Schneele gemacht, mußt dr Bummermann noch emol strahe, de Dorfstroß mit Sand vollspritzen, domit's kaans hihaanet. Un dos war fer enn Polezeier in Amt un Asaah net när waagn dan unötign Sand, aah sist e daamische Hundmatter. An enn setten Tog, do platzet dr Bummermann de Haustür na, puchet senn Schlieten wie e Stückel Viehch, dos net zieh wollt, un sohch rut, wu sistern schwarz gewaasen is, soget ze senn Brutharrn Bürgermaaster Pfaarnast, ze seiner Fraa alte gruße Maahrgusch un lauter sette schlimme Sachen.

Nu ka mer sich e Bild ausmoln, wenn mer sich e wing neidenkt, wos esu lus war, wie dos ne dritten Weihnachtsfeiertog bis üm zweea rüm e ganz klaa Schneele gemacht hot, un dernooch is dos schennste Mützenwatter worn. Do is gaahling e Volk of dr Stroß rümgetraaten, wos is ganze Gahr net rauskam, Volk, dos in aaner Tour hintern Ufen soß wie sist de Kallerschof unter dr Aardäppelkist. Un gerod dos hot ben Bummermann die Staatsbusset eigebracht. Do mußt sei Fraa de Hurtigschusterstiefeln rauslange, de Friedrichschneiderhus un dan zweetguten Dienstrock, dan ne dr Leibiger-Schneider mit verschieden lange Ärmeln gemacht hatt. Aar wür dan nischtnützign Volk schu zeign, wos e Hack is, e richtige Stöckwurzelhack! Strahe wür er, doß mer denken müßt, es lög überhaupt kaa Schnee. Kaa Klackel sollt übrigbleibn, net emol in de Stroßengröbn. Wie kunnt dos oder aah ne dritten Weihnachtsfeiertog e Schneele machen! „Egal neimodisch Zeig, när nischt Gescheits!" schrier dr Bummermann un hot ne Aschaamer enn Tritt versetzt, doß de Asch durch'n ganzen Garten geweht is, hot dan Gartenpfartel noch enn Runkis versetzt un sich ver lauter Überlaa aah noch of dr Zung gebissen. Dernooch is'r mit senn Gemaastrahschlieten ne Dorf noochenanner naufgelästert.

Daar un gener is ne begegnd un hot ne aah emol miet geglückauft. Oder aah Kalmissen warn derbei. Die enn saten: „Wos de dich när plogst! Setz dich doch drauf, wär'sch kaa Schlieten worn. Egal sei de Barg nooch dr verkehrten Seit naufzu!" Annere habn gefoppt: „Polezeier müßt mer sei, könnt mer aah ne dritten Feiertog e Schlietenpartie machen ..." Un aah noch anner olber Zeig is ne nagesaat worn.

Wie dr Polezeier oder nort bei dr öbern Kahr nümmacht, do kimmt de alte Müllerfritze dan Ding noochenanner reigeschubn, e Weib-

sen vun gut zwee Meter Läng, un schreit un heilt, als krieget se's bezohlt: „Su eine Gelätt, naa, su eine Gelätt, su eine daamische! Dos hätt's ze unnerer Zeit fei net gaabn! Do wär net när aa, do wärn zaah Polezeier gesaust un hätten gestraht. Oder heitzetog... Su eine Gelätt, un kaans spritzt e Kerrle Sand emol hi!"

Dos is ben Bummermann nei's Schaabdach gefahrn wie dr Mard nei enn Reisighaufen. Un do hot's aah lang lichterluh gebrannt! War eich dos e Feier! När gut, doß kaa richtigs war, dos hätt aah kaa doppelt gruße Motorspritz niedergebracht!

„Quarkspitzen!" hot dr Polezeier dos alte Weibsen agesormt. „Traat när darb auf, nort is aah net gelatt!"

Do sat dos alte Geletterich: „Naa, naa, mei schiener Bummermann, flieg hi waar will, iech net! In dr Pöhl hot's emol enn of dr Dorfstroß higehaant, dan is sei Brill esu weit fortgeflochen, doß se zwee Tog dernooch suchen mußten. Un daar arme Mensch trot do un kunnt nischt saah ... Un wos war dra schuld? Kast's ruhig salberscht sogn! Is war net e Kerrle gestraht!"

Dos war oder fei e stark Gelapp vun dan Weibsen! Do hot dr Bummermann senn Gemaastrahschlieten ben Rand nagefahrn un hot daare alten Tapp gezeigt, doß überhaupt net gelatt wär. Er is of daarner Dorfstroß nogestochen, doß seine Hurtigschusterstiefeln ihrn Name alle Ehr gemacht habn. „Patsch! – Patsch!" habn die Stiefeln geschriern „Stramm! – Stramm!" Un de Müllerfritze sat vür sich hi: „Un schreie tunne se aah noch! Mer müßt denken, se würn emol miet bezohlt ..." Oder gerode do, wie er halten will, rutscht'n dr rachte Fuß wag, is linke Baa schnelzet in dr Höh, un menn Bummermann haant's daamisch of dr Stroß hi.

„Inu Bummermann, fall genaadig, verbieg kenn Saabel net!" quieket de alte Fritze. Se hatt ver Schrack un Frahd zegleich enn Huppersch gemacht. Do is ihr Haarnastel ausenannergefalln un e Rattenschwanzel hot hintern Ohr vürgesaah.

„Na, gelabbst de nu, doß of dr Stroß dr raane Summer is?" hot dr Bummermann geschriern, wie'r sei Polezeiermütz wiederhatt, die bei daarer Hifliegerei e ganz Stückel dan lange Dorfbarg neigerollert war un nu dra enn Lichtmast liegnblub. „Ich wollt dir itze in dan Exempel när staduiern, doß e Potschof aah of dr Nos fliegt, wenn's überhaupt net gelatt is!"

Dos hot die lange Müllerfritze eigesaah, un se is wetter sachte geloffen. Se war doch de Müllerfritze un kaa Potschof ...

Dos ubaartige Schneepflugfahrervolk

„Bummermann", sat gennmol dr Bürgermaaster, „wos macht dä su e Polezeier, wenn emol Silvaster is?"
Dr Bummermann hot geguckt, er wußt net, wu dos nausgieh sollt. Brutharrn habn mitunner de dümmsten Eiföhl. Su hot'r seine zwee Büscheln dürr Reisig higestellt un nort gesat: „Daar blebbt in seine vier Pföhl un belauscht is herraruckende neie Gahr."
„Su is racht, Bummermann, Dorf- un Stroßenferscht! När gottlus Volk, dos trebbt sich haußenrüm oder raunst ne Dorf innewieder, wie dos när Katzen könne, wenn se laafet sei."
Dos hot dan Polezeier Bummermann gut geta. Er hot emol tief, ganz tief Luft gehult, gerod als müßt mer e sette goldige Gitt zer Nos neizieh.
„Bummermann, dr Kolanner is ball nacket, fosendnacket. Do is aah dos aane Gahr miet alle. Un genau dorten, wu dos Gahr aus is, dorten fängt dos annere a. Do paßt aans na's annere, un kaa

klaa Klackel is derzwischen. Allebonneur, möcht mer sogn, do is alles vierecket un mit'n Lot un dr Wasserwoog gemacht. Nischt aus'n Kopp, alles mit Kunst un Verstand.
Nu denken manniche Leit, dos wär e Grund, emol dr Sau is Tanzen ze larne. Un se habn e Gelangel, ihr Kalbel auszetreibn, ze allotriern un aus dan Dorf e rachte Kaffatenbud ze machen. Bummermann, do werd nischt draus, überhaupt nischt. Loß dir dos gesat sei vun dein Brutharr, ne Bürgermaaster. Do schaffst de Ruh mit Macht un Gewalt!"
„Wenn ich durchgreif, do fange aah de Kallerschof mit Zittern a!"
Gerod, wie dr Bummermann dr Reichswehr emol is Laafen beibrenge wollt, wu er'sch zer Prob när emol blitzen un dunnern lossen wollt, do kam de Bürgermaastern, reigestochen un schrier aah lang: „Da steht der Mensch rum, un ich wart un wart vergeblich auf mein Anbrennreisig! Mer kann ne aber ooch ze gar nischten anstelln!"
Do hot dr Bummermann ze die zwee Büscheln gelangt, un er sat när noch ben Gieh: „Emende annermol. Itze muß ich erscht emol fer Ihre Fraa de Feierring ratrogn." Un dos war när gut, sist hätt daar General vun Seeckt mit senn bissel Reichswehr eipacken könne.
Un esu war aah bestimmt, wos bestimmt sei mußt!
Ne Silvaster-Noochmittig zwischen halb un dreiviertel viere machet dr schiene Bummermann sei gruße Landvisit, er machet ne Dorf noochenanner nauf, Schrietel fer Schrietel, wie mer dos aabn vun enn Uneformtraager net annerschter derwarten kunnt. Er war sich gar net esu geheier. Die frischgeschnietene Haar habn ne Hinterkopp esu sehr kalt gemacht. Un nischt kunnt unner guter Polezeier schlachter verputzen als ebber Zugluft of'n Hinterkopp un of dr Halsstang. Er hätt e Schaltüchel ümbinden könne. Oder do hatt ne emol dr Landschandarm derbei derwischt un e Reffermantel gaabn, vun waagne „eines Soldatten unwürdig". Un daar mußt dos wissen, wu daar doch e Zwölfender gewaasen is. Seit daarer Zeit kunnt dr Bummermann kaane frischgeschnietene Haar ausstieh un schu geleich gar kaane Schaltüchle, net emol dos vun dr bähmischen Marie, dos mit die gaahln Rusen in de Ecken.
In ganzen Dorf war nischt ze saah: kaa gottlus Volk, dos sich haußenrümtreibn wollt, kaane, die ihr Kalbel austreibn mochten, un schu geleich gar kaane Allotrier.

Dos hot dan schinn Bummermann machtiglich geargert, dos ka mer sich doch ofingern. Wär er när net insoot, geleich gäng dr Hewedel lus, do würn sich de Hünd un Katzen beißen, de Besoffene würn haufenweis in de Stroßengröbn rümliegn un dos olbere Volk vun Lindenhaus sich gegnseitig is Wasser vun de Waschschüsseln nei de Gesichter schütten. Nischt. Net när nischt, überhaupt nischt! Als hätt dr liebe Gott de Stroß gekehrt.

Bei enn setten Polezeiergetraanel war dr gute Bummermann aah lang ben „Grünn Baam", enn Wirtshaus, dos egal voller Zachbrüder soß wie dr Hund voller Flöh. Ne Bummermann hot's enn orndtlichn Ruppersch gaabn! Vürn Wirtshaus troten de Schneepflugfahrerpfaar, e Stücker sechse, un habn mit'n Keetenzeig geklirrt un gerasselt. Do wußt dr Polezeier Bummermann, nu kam sei gruße Stund. Itze wür er emol e Polezeier erschter Grade! Er wollt bluß emol mit'n Schlepper raschpeln, de Aagn wie e Paar Kaasnapple rausdrehe un emol akkerat neispanne.

Mer söllt's oder net denken, wie dos mannichsmol esu is: Aus dan Neispanne wur e Eispanne!

In dr Sakrestei soß dos ubaartige Schneepflugfahrerzeig, hatt rute Nosen dra wie de Gloriaäppeln un hot daamisch gewassert, Gruße, Klaane un Faustpenseln vun dr ganz grußen Sorte. E paar hatten lang e klaane Pudelmütz auf un habn in ennfort „Bruderherz" gemacht, unterenanner, mit'n Wirt un aah mit'n Dorf- un Stroßenferscht Bummermann.

Dos war oder menn Polezeier gar net racht. Er wollt neifunken, er wollt dan alten Gahr enn guten Ogang verschaffen, un nu kam er dan täret'n Volk nei de Händ wie de Märzenkatz enn Flaascherhund. Un macht emol egal när „Bruderherz", wie geschwind dos noochert gieht, ob de willst oder net, un de Kräft in Kopp un in de Glieder haifeln sich egal meh nazamm un waarn klenner un klenner, oder de Pudelmütz, die wächst himmelhuch.

„Bruderherz, sisst de mich noch?" bleket aaner, un mer hätt denken könne, of enn Springbrunn hätt mer Wasser gaabn. Un dr Bummermann wischet sich o un sat: „Wan maanst de dä vun die zweebeeden?" Do hot ne daar annere aans of dr Polezeiermütz gehaant un gestolpert: „Oder Bruderherz, iech bi doch när iech!"

Wie's halb sechse war, habn se in Radiu mit Glockenlaiten agefange. Do sat dr Schenkwirt ze die zweea, die egal noch geschmirgelt habn, Vugelleim dran Hintertaal hatten un sich üme

Kopp langet'n, wall se ver lauter „Bruderherz" gar nimmer ausenanner kame: „Nu macht oder ehaam! Geleich is üm sechse! Do werd bei uns nimmer gesoffen, do werd gassen!" Un wie dr Schenkwirt sohch, doß dr Polezeier wuhl eitel singe oder nimmer laafen kunnt, hot'r naus dr Küch gerufft: „Lies, stell ne Gelannerschlieten vorne naus! Un du, Tav", er hot dermiet dan annern Saufaus gemaant, „du brengst dermiet unnern Herrn Polezei ehaam!"

Dos hot menn guten Bummermann quack geta, wie er of dan Schlieten sitzen kunnt un sei Bruderherz Tav mit'n Dechselbalken lenken, zieh un eihalten mußt. Un esu hot dr Bummermann de Mütz in dr Höh gereckt un in ennfort dos Liedel agestimmt:

„Un hot dr Tanzbuden aah e Loch, Loch,
gesoffen werd doch, doch ...!"

Ne Tav hot die Singerei schauderhaft gefalln. Er war e alter Vugelsteller. Un Vugelsteller habn mei Tog viel übrig fer e Liedel aus frischer Kaahl. An libbsten hätt'r mietgesunge, dr Tav, esu hot'r När derzu gepfiffen.

De Leit habn sich gerod fersch Assen zun zweeten Heilignobnd, daar in Aarzgebirg ze Silvaster gehalten werd, na'n Tisch setzen wolln. Do kam vun draußen haar die Singerei. Net ebber schie, oder gewaltiglich laut:

„Un hot dr Tanzbuden aah e Loch, Loch,
gesoffen werd doch, doch ...!"

Do saten se unterenanner: „Schlimm, schlimm die heitige Gugnd!" Un aah: „Dos hätten mir früher emol machen sölln ... Wenn's När dr Bummermann werd härn ..."

Dr Tav hot dan Gelannerschlieten wuhlbehalten ben Bummermann vür dr Haustür higestellt un is nort ausgerissen. Er war meitog kaa Held, un schu geleich gar net, wenn'r e Pudelmütz gefrassen hatt.

Genn Tog dernooch kam e klaaner Gung zen Bummermann. Un daar sat in seiner Aafalt: „Harr Polezei, Se sölln maa geleich emol miet ben Bürgermaaster neispanne!" Do wußt dr Polezeier Bummermann, wos de Gelock esu geschlogn hatt. Doderzu brauchet mer kaa Prophet ze sei.

Oder, oder! Er mußt sich När wunnern. „Bummermann", sat sei

Brutharr Bürgermaaster, „hast dei Sach heit nacht racht schie gemacht. Allebonneur! In ganzen Dorf war Ruh, doß mer hätt enn Fluh husten gehärt. När üme sechse rüm hot aaner durch dan Dorf gerandeliert. Sog, alter Dorf- un Stroßenferscht, wos war dä dos fer e Sauigel vun enn Menschen?"
Do is dr Bummermann stramm gestanden, hot e Honneur gemacht un gesat: „Dos war daar, daar, daar is in Schlieten gefahrn!"
„Un?"
„Un do is mir e Blaatel geschossen un ich hob dra gedacht, wos mer emol mei Brutharr, dr Bürgermaaster, agehaaßen hot. Daar sat emol ze mir: Bummermann, sat daar, bessersch Volk fährt in Kutschwogn un Schlieten. Wenn sett Volk emol ausart, nort guckst de astandshalber aafach wag!"
„Un?"
„Un do hab ich aabn waggesaah!"
Do is dr Bürgermaaster derhöh gesprunge, gerod, als hätt ne e Tarantel gestochen, hot menn Bummermann ümarmt als wie enn Potvetter, hot ne ogedruckt un ogeschmatzt un hot in enn wag gerufft: „Bummermann, dos hast de racht gemacht! Mer sieht sich seine Leit a! Su macht mer huche Poletik!" Dernooch hot'r aus'n Galdkatzel e Dreimarkstückel gefingert un gerufft: „Do, mei guter Bummermann, kaaf dr e Kistel Zigarrn! Namm Marke ‚Türkenstolz', die habn e sette schiene weiße Asch! Sette raachn när gruße Leit! Un raach se mer fei salberscht! Die hast de dir verdient!"

Worüm dr Polezeier Bummermann kenn Rupperich meh macht

Seid ihr schu emol dr Rupperich gewaasen? Saaht'r, do könnt'r nu aah net wissen, wie dos is. Dos is ewos ganz annerschter als ewos annersch. Wos is schu e Lokomotiv haazen, enn weißen Mutworf fange oder aaner Kreizotter ne Blinddarm rausnamme, wenn mer'sch gelarnt hot? Un gerod e do liegt daar gruße Faahler, dan de mehsten Leit machen: Rupperich sei, dos ka mer überhaupt net larne, dos muß mer könne. Dodermiet kimmt mer zer Walt, dos trögt mer mit sich rüm. Dos sei Gabn, die hot mer oder mer hot se net!

Manniche Leit wissen noch net emol ewos mit'n 6. Dezember azefange. Do hot kaa Tante Olga Hochzigtog, war kaa Kirchnbrand oder Stiftingsfast! Dos is doch aabn, wos mer wissen muß: Do gieht dos Rupprichmachen lus! Bei de bessern Leit haaßt daar Tog aah „Nikolaustog". Naa, dos hot überhaupt nischt mit'r Laus ze tu, mit Nikolaus, enn heilign Ma. Aah putzig of daarner Walt: Un dan muß all mei Tog e armes Luder machen, aaner vun Gnad un Gütt! Un wenn aah daar Tog Nikolaus haaßt, kimmt do dr Rupperich.

Dos is esu: De Kinner stelln do Obnd ihre Schuh vür dr Tür. Un wenn se Gelück habn, stackt ne annern Tog ewos drinne. Bluß ebber kaa klaa Schuhwark nausstelln, kaane Pantoffeln oder niedergetraatene Filzlahtschen. Dos kunnt ne ganzen Nikolaus verdarbn. An besten sölln mei Tog die wagkumme sei, die's mit e Paar Stiefeln oder huche Schuh versucht habn. Kame die früh naus, stok e Tütel Sauer un Süß, Burnüss, e Roll Luxeretensaft oder e Reih Gummimannle drinne. Bei enn Gung in Beierfald soll sugar emol e labandige Maus drinnegewaasen sei. Die hatt die Pfafferkuchnfraa bis na'n Nabel nazammgefrassen. Fer dan Gung war dos net schie, fer daarner Maus schu ehnder! Die hatt sich enn Bauch nagefrassen wie e klaa Gaswark. Net emol of'n Schwanz kunnten se ihr puchen, esu geschwind war'sche in daarner Klack bei dr Budentrepp nei un hot ihrn Nikolaustog gehalten.

Nu möcht mer frögn, waar is dä aagntlich daar Nikolaus, daar dos schiene Zeig brengt un nei de Schuh un Stiefeln steckt? Do hot geds Dorf senn aagene. Manniche Dörfer habn're aah e ganze Hanvell derva. Bei danne machen dos de Leichntraager miet. Grußer Schlunk oder is, wenn do aa setter Nikolaus, Rupperich zwee Naster ze versorgn hatt, ebber wie sattigsmol in Grünnha un Waschleith. Dorten mußt daar Nikolaustog of zweea, dreia vertaalt waarn. Nu stellt när emol zwee, drei Tog lang Nacht fer Nacht de Stiefeln ben Vürhaisel naus. Un wenn de früh, noch net emol agezugn, nauskimmst, is nischt drinne. Wie eich dos dra de Narven zehrt! Gerachter Struhsook! Dos ka enn Aarzflaaz vun enn Gung sachte miet zwazlig machen!

Dunnerteifel, war dos allemol e Sach! Gitt när emol vun Haus ze Haus, treppauf, treppo, un tut enn heilign Nikolaus finden, in Aarzgebirg freilich bluß enn Hans Rupperich, Knacht Rupperich! Oder aah daar will eich fei gefunden sei!

Nischt war'sch! Ehnder hätt's de enn Neigrosch in dr Dachrinn finden könne als e sett Potschof vun Nikolaus, Rupperich! Weihnachten uhne enn setten, esu wos kunnt's un durft's doch wuhl net gaabn! Un esu setzet sich daar Kalmis vun enn Bürgermaaster of sei Laaderkannepee in Posedur un soget is Schlimmste, wos'r überhaupt hätt sogn könne: „Wenn de kenn findtst, wos soll dä wetter sei? Geborgt werd net! Do machst de aabn salberscht dan Rupperich!“

Grußer Schrack! Wos werd dä noch esu alles aufstieh fer enn Polezeier: Wasserzins eikassiern, dr Bürgermaastern Sauerkraut eistampen, Hosen zen Decken schaffen un Stroß strahe, wenn's ebber gelatt werd. Nu muß'r aah noch ne Rupperich fersch ganze Nast machen! Polezei is Polezei! Wos dr Brutharr sogt, dos werd gemacht, un dos is all mei Tog dr Harr Bürgermaaster, daar Kalmis. „Wu wärn dä seiner Zeit de Preißen dra daarer Fliegnbachbrück hikumme“, esu soget'r öftersch, „hätten die Köpp gehatt zun Denken, die hatten bluß welliche zen Marschiern un sei!“

Rupprichn standen all mei Tog in guten Futter, hatten e starke Tax. Fer enn Mol bei de Kinner Neispanne, Spuken, Krawallmachen su ihrer drei Zigarrn, e Hanvell Schwanzbirn, zwee Töpp Ziegnsaufen, e Kann Wurschtsupp, enn Hosenkopp zen Oknaipeln, e alte Pelzmütz mit e paar Mottennaster, dos war esu dos Handgald. Do wär mer doch e dumm Luder un Prügeln waart, luß mer dos esu laafen.

Nu trogt När emol dos Zeig nazamm: Baarnfallmantel, Mettenlaterr, Keetenzeig, Langschäfter, Ümhängbart un enn doppelt grußen Zwiebelsook! Dr Bürgermaaster hatt enn lange Zettel, wu draufgeschriebn war, bei wan daar Rupperich ubedingt vürsprachen sollt. Net ebber bluß emol verbeigieh: Bei enn na dr Haustür, nort na de Fansterlöden puchen, dr Trepp naufpultern, aah emol neispanne un e Vaarschel vun dan arme Würmel haarsogn lossen. Bei enn annern e wing waagn de schlachten Redensarten oder Zensurn nafrögn oder waagn dr Zungrausstrecken gegn gruße Leit. „När ze dan gisst de net“, sat dr Bürgermaaster, un machet enn ruten Strich durch dan Name of dan Zettel, „dos is e Sozi. Die sei gottlus, die gebrauchn aah kenn Nikolaus, Weihnachtsma, Rupperich un esu!“

Nu könnt die Geschicht ihr End hobn, wär alles esu gange, wie dos gieh sollt: na'n Loden puchen, e paar Rölpsersch rausreißen, mit de Keeten klirrn, Pfafferkuchn nei'n Stiefel stecken. Oder do kimmt doch daar Rupperich ben Müller dr Trepp nauf un zer Tür nei. Daar freche Gung vun Danel rutscht geleich ver lauter Schrack untern Tisch no. Do sogt doch dos daamische Weibsen vun Grußemutter in ihrer Aafalt: „Bist oder fei spöt dra, Bummermann ...“

Daar Gung dos härn un untern Tisch vürschreie, dos is alles aans. Net dra ze denken, dos daar e Vaarschel haargesat hätt. Kaa Gedank! Daar schreit: „Bummermann, tu mer nischt! Ich sog aah net, doß de uhne Angelkart gefischt hast!"
Do hot dr Bummermann de Tür nageplatzt un is dr Trepp neigewechelt. Do war'sch gepassiert: Dr Bummermann grüßt de Müller-Hulda nimmer, un enn Rupperich macht'r schu geleich gar net!

Worterklärungen

Aardäppelschöler	Kartoffelschalen
Agrotz	Ankratz, Zuneigung
Allebonneur	alle Achtung
allmeitog	ständig, seit jeher
allotriern	Allotria treiben
Almet	Brotschrank
Ammisch	Amsel
andauernd	fortwährend
ästemiern	achten
aufgabeln	auflesen
ausdamme	verunglücken
Basterrasse	Bastard
beabsalviern	beobachten
bedalfern	betun, auch anfassen
Behbrut	Röstbrot
benieme	benennen, benamen
bischbern	flüstern
Blaatel	Tageszeitung, Tageblatt
Bläkranzen	Schreihals, Ausschreier
Bud	altes Haus
Busset	Ärger
Cuno, Wilhelm	1922/23 Reichskanzler, wurde 1923 durch die Aktionseinheit der deutschen Arbeiterklasse gestürzt (1876–1933)
dammign	fluchen
Dangel	Fichtennadel
Deitschnational	Deutschnationale Volkspartei, monarchistische Partei der Weimarer Republik
Dingerich	Mann mit zweifelhaftem Ruf

dorbiern	quengeln
Dorschten	Rüben
drahschen	heftig regnen
Dunsel	dummer Mensch
duster	dämmrig
echeleganz	begeistert
Eckener, Hugo	bedeutender Luftschiffführer, flog 1928 über den Ozean nach Nordamerika, 1929 die erste Weltfahrt und 1931 erstmals in das Polargebiet (1868–1954)
eihaane	derb zulangen beim Essen
emende	am Ende
facheriern	fuchteln
Faustpensel	großes Schnapsglas
Fatzen	großes Stück
Fatzer	fahrende Bergmusikanten aus den Dörfern des Erzgebirges
Fiduz	Kraft, Tempo
Fitschel	Bedrängnis
flaameln	leicht schneien
flacken	von der Hand gehen
Floch	Sprung, Satz
Focht	Streit, Gefecht
Fraßsook	Nimmersatt
Frieserich	Schnittlauch
gaakeln	gokeln
Gack	Jacke
Gad	Aufsehen
gatern	keifen, spektakeln
Gelangel	Verlangen
Gelaus	Kleinzeug
Geletterich	Leiterzeug, auch für einen langen Menschen oder Gegenstand gebraucht
Genatzte hobn	Nachsehen haben
Gerächtspruch	Gerechtspruch, Richter

Gespür	Spürsinn
Getu	Benehmen
Gewiegtsbrotle	Buletten
Gewitterspritz	Regenschirm
Gitt	Güte, Freude an etwas haben
Gock, als zen	als ob, etwa wie
Gokel	Liebhaber von Tieren
gorschammer Diener	Gehorsamer Diener
Grade	Ärger, Wut, auch Güte
Grobschicht	Beerdigung
grün-weiß	Landesfarben von Sachsen
Guck	Gesicht, Blick
Gutschmeckgusch	Feinschmecker
guttegar	vollends
Guttentagstacken	Spazierstock
haane	Gras oder Getreide mähen
heier	heuer, dieses Jahr
Hewedel	Spuk, Spektakel
Hieferle	schmächtiges Ding
Hindenburg, Paul von	reaktionärer Politiker, von 1925 bis 1934 Reichspräsident (1847–1934)
hinne	drinnen
hodergraa	grau wie ein Waschhader
Hosen	Kaninchen
Hundsmatter	Hundeplage
innewieder	hin und her
insoot	anwesend, vorhanden
Kaffaten	Faxen
Kahr	Wende, Kehre, Kurve
Kalmis	dummer Kerl
karthulisch	katholisch
Kerrle	Körnchen
Kietzel	Kätzchen
Klaadahsche	Anziehzeug, Kleidung
klappern	betteln

knaipeln	knaupeln, nagen
knärn	pressen, drücken
Kohricht	Kehrricht, zweifelhafte Leute
Kommu	Gemeinde
krachen gieh	pleite machen
Kragel	mißgestalteter Gegenstand
Krampel	Eigenbrötler
Krannichsee	Große Kranichsee, Hochmoor
Kriepel	Krüppel
Kuchnsinge	alter erzgebirgischer Brauch, vor Festtagen vor den Häusern um ein Stück Kuchen zu singen
Kuhhosen	Kaninchen
laahlich	lauwarm
Laafkarrn	Schubkarre
Lahtschen	ausgetretene Schuhe
lahtschen	nachlässig gehen
latschen	sich unterhalten
larbern	vor sich hin sprechen, auch viel sprechen
Laster	Lastkraftwagen
laut	schnell
Luderei	Unsinn
Ludendorff, Erich	reaktionärer General und Politiker (1865–1937)
Lusgusch	Großmaul, loses Mundwerk
Maahrfaß	jemand, der dummes Zeug redet
Maahrluder	dto.
maahrn	dummes Zeug reden
Manden	Mond
Mugaatel	Kleinigkeit
Nachterle	Schnapsmaß
nahnd	nahe
Nast	altes abgewirtschaftetes Haus, auch Dorf
natzen	Schläfchen machen

neirouliern	belasten, sich verstricken
Niedersitz	Sitzgelegenheit, auch Zeit des Hinsetzens
Nischel	Kopf
nuppen	nicken
ofödern	abfertigen
Olbrich	alberner Mensch
Ordere	Dienstanweisung
Öttergünferle	Waldeidechse
Patterle	Perlen
perzen	wichtig tun
Pfaarnast	dummer Mensch
Pfaarverstand	Kenntnis von Pferden haben
Pfiff	Schläge
Plötz setzen	Schläge verteilen
polezeiern	polizeimäßig durchgreifen
Pulmis	dicker Kerl
Puninich	Pfingstrose
quacktun	guttun, Freude an etwas haben
Quäkerspeise	von den Quäkern gespendete Suppen zur Schulspeisung
raandlich	reinlich
raaneviern	reinigen
racheln	bremsen beim Rodeln
Raffermantel	Zurechtweisung
Rahsche	Aufregung
raunzen	grunzen
Rederate	Männerabort
Reitschul	Karussell
Rumpelzeig	Gerümpel
Rumpis	Rumpt, Körper
Runkis	Schlenker
rüra tun	dergleichen tun
ruscheln	rodeln
Rutkaat	Rotkehlchen

Saager	Pendeluhr
Saam	Saum
sachte	allmählich, langsam
Sakrestei	Kutscherstube eines Wirtshauses
sattigsmol	damals
Sauerlump	Sauerampfer
Sauregurkenzeit	Flaute
Schiebböcker	Hausmacherkäse
schlahzen	reißen
Schlawittchen	Halsstange
Schlem	Schlema, Kreis Aue
Schlepper	Schleppsäbel
schlinken	schlucken
schloffern	schläfern
schnaadeln	schneideln
Schöneck	Städtchen im Vogtland
Schübel	Schub
Schwarzer	Kuchen aus Roggenmehl, gebacken für das Gesinde
Seeckt, Hans von	reaktionärer General, Chef der Reichswehr (1866–1936)
Sozi	Mitglied der Sozialdemokratischen Partei
Sparrgusch	jemand, der Maulaffen feilhält
speigarschtig	zum Erbrechen übel
Stahlhelm	faschistisch-reaktionärer Bund der Frontsoldaten (1918–1934)
Stamperle	Schnapsmaß
Stauden	für Fichtenwald gebraucht
Stresemann, Gustav	imperialistischer Politiker und Monopolkapitalist, Reichskanzler in der Weimarer Republik (1878–1929)
strößig	zugegen, rege
Stuppelhah	kleines Essen, das ein Bauer zum Abschluß der Kartoffelernte gab
Tasch	hohle saure Gurke
Tippel	Kaffeetöpfchen
törmlich	drehend

Traaf	Hieb, Treffer
traaneln	schlendern
Trafftrump	Glück haben
transchen	tauschen
überlaa	übrig
verlaageln	verleugnen
verputzen	leiden
versaue	verderben
Verstisstemiech	Verstand
verwiemert	verwachsen
vöder	vorwärts
Volkspartei	Deutsche Volkspartei, reaktionäre Partei der Weimarer Republik, gegründet von Stresemann
Wallnstaa	Wallenstein, kaiserlicher Feldherr im Dreißigjährigen Krieg
Waner	Stellmacher
wärteln	wörteln, streiten
Wasserzins	Gebühr für Wasserentnahme
wecheln	schnell gehen, auch heizen
Widerpart	Antwort, Gegenrede
Wilpert	Wildbret
Wilpertspuffer	Wildschütze
Wieting	Schmerzen
Wrangel, Friedrich Graf von	Preußischer Generalfeldmarschall, 1864 Oberbefehlshaber der preußisch-österreichischen Truppen im Krieg gegen Dänemark (1784–1877)
Zahn	Tempo
zammsten	gesamten
Zehtscher	kleiner schwacher Mensch
Zschinner	Rutschbahn
Zuckerstaanle	Süßigkeiten